历史之温度

谢 普 ◎ 编著

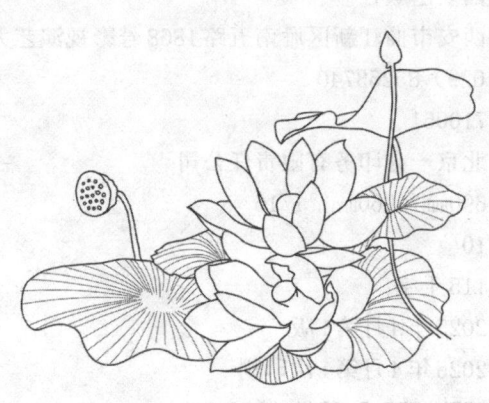

西安出版社

图书在版编目（CIP）数据

历史之温度 / 谢普编著． -- 西安：西安出版社，
2025. 4. -- ISBN 978-7-5541-8071-6

Ⅰ．I267

中国国家版本馆 CIP 数据核字第 20259BD182 号

历史之温度
LISHI ZHI WENDU

编　　著：谢　普
责任编辑：徐　妹　徐哲颖
出版发行：西安出版社
社　　址：西安市曲江新区雁南五路1868号影视演艺大厦11层
电　　话：(029) 85253740
邮政编码：710061
印　　刷：北京一鑫印务有限责任公司
开　　本：690mm×960mm　1/16
印　　张：10
字　　数：115千字
版　　次：2025年4月第1版
印　　次：2025年4月第1次印刷
书　　号：ISBN 978-7-5541-8071-6
定　　价：59.00元

△ 本书如有缺页、误装，请寄回另换

前　言

历史，这一博大精深的领域，往往被视为古老而遥远的记忆。因为历史不仅是过去的记录，更是我们理解现在、预见未来的重要基石。

本书的创作初衷，正是为了拉近历史与当代人的距离，让历史变得鲜活而有趣。我们希望通过讲述一个个生动的故事，展现历史人物的鲜活形象，让年轻人感受到历史的温度。

我们相信，当历史不再是一个个枯燥乏味的年代和事件，而是成为一个个充满情感和生命力的故事时，年轻人将会更加热爱历史，更加珍视历史。

在本书中，我们精选了一系列具有代表性的历史事件和人物。这些事件和人物不仅具有深刻的历史意义，而且与当代社会有着紧密的联系。通过讲述这些故事，我们希望能够激发人们的思考，从历史中汲取智慧和启示。

在讲述历史故事时，我们注重细节描写和情感表达，力求让每一个故事都充满生命力和感染力。同时，我们也运用了一些幽默诙谐的语言，让阅读过程更加轻松愉快。

本书不仅关注历史事件和人物的本身，还注重将其与现代社会进行联系和对比。通过融入现代元素和思考，我们希望能够引导年轻人在理解历史的同时，也能够思考当代社会的问题和挑战。这种跨时代的对话和思考，有助于年轻人形成更加全面和深刻的历史观。

历史是一座宝库，其中蕴藏着无数智慧和启示。当我们深入了解历史时，不仅能够更好地理解现在和预见未来，还能够从中汲取力量和勇气去面对生活中的挑战和困难。

历史是我们共同的记忆和遗产，每个人都有责任去传承和保护它。通过了解历史、理解历史、尊重历史，我们能够更好地认识自己、认识社会、认识世界。

最后，我们希望这本书能够成为年轻人与历史之间的桥梁，让我们共同成长、共同进步。在探索历史的道路上，我们不仅能够收获知识和智慧，还能够结交志同道合的朋友，共同为美好的未来而努力。

我们希望通过这本书，让历史变得更加生动、有趣和有意义，为年轻人打开一扇通往过去的大门，让他们能够从中汲取智慧和力量，为未来的生活做好准备。

目 录

第一章　帝王那些事儿 / 001

迷信的汉武帝 / 002

中兴之王——刘秀 / 007

秦始皇焚书坑儒 / 011

舜继位前的遭遇 / 015

宋襄公因死板败兵 / 019

武则天实现野心要"名正言顺" / 022

赵匡胤杯酒释兵权 / 026

赵襄子学驾车 / 029

节俭的金世宗 / 032

第二章　千金易得，知己难求 / 035

管鲍之交 / 036

王安石抱病救苏轼 / 040

舍命相交——羊角哀和左伯桃 / 043

伯牙子期 / 045

桃园三结义 / 048

志同道合的祖逖、刘琨 / 051

惠施和庄子的友谊 / 054

元白之交 / 057

阎敞、第五常交友交心 / 060

鸡黍之约 / 063

韩愈与贾岛结为布衣之交 / 067

张仪与苏秦 / 070

第三章　路虽远，行必达 / 075

左宗棠收复伊犁——决不动摇 / 076

张骞不屈不挠，开创丝绸之路 / 080

宋濂不惧艰苦求学 / 084

项羽置之死地而后生 / 087

不轻言放弃的孔子 / 090

曹操统一中原的决心 / 094

王贞仪反对迷信，相信科学 / 097

致力医学的张仲景 / 100

飞卫射箭 / 103

第四章　以人为鉴，可以明得失 / 105

触龙说赵太后 / 106

邹忌讽齐王纳谏 / 110

惠施劝谏 / 113

庄子劝谏赵文王 / 116

魏徵正言直谏 / 119

晏子巧谏齐景公 / 122

刘基"借题发挥" / 126

宋弘劝诫刘秀 / 128

第五章 是是非非谁来评 / 131

太平天国自相残杀 / 132

吕不韦舍小利谋大利 / 136

曾参"愚孝" / 139

石奢的左右为难 / 142

伯夷和叔齐"愚蠢"吗? / 145

介子推错了吗? / 147

汉武帝赐死钩弋夫人 / 151

第一章

帝王那些事儿

迷信的汉武帝

汉武帝是中国历史上一位雄才大略的君主，然而即使这样一世英明的君王，也会犯下迷信小人的错误，酿成父子人伦悲剧，为汉武帝的雄主之名蒙上了一层悲剧色彩。

公元前156年，汉武帝刘彻出生，他是汉景帝的第十个儿子。刘彻从小就很聪慧，有胆量，很得汉景帝喜爱，4岁时就被封为胶东王。

公元前150年，汉景帝废黜了栗姬之子刘荣的太子之位，立刘彻为太子。

公元前141年，汉景帝驾崩，刘彻登基为帝，是为汉武帝。登基之初，皇帝大权一直由他的祖母窦太后掌控着。

前135年窦太后去世后，刘彻开始倾尽毕生之力，进行了大刀阔斧的改革。思想文化上，他"罢黜百家，独尊儒术"；政治经济上，他削藩权，兴水利，固黄河；社会治理上，他将冶铁、煮盐、铸钱、酿酒等都收归官营；对外军事上，他曾多次出兵讨伐匈奴，将匈奴赶出河西走廊，进而一举歼灭匈奴主力，扩大了大汉的版图。他开辟了自秦始皇一统天下之后的第一个雄浑霸气的时代！

如果汉武帝能力够把他的雄才大略和英明神武延续到生命终结，中国历史会不会不同？然而历史无法假设，汉武帝到了晚年的时候开始求仙信鬼，笃信方士、巫术。他学秦始皇也打算乘舟出海去寻神仙，以期得到长生不老之术。他在全国遍寻高人，让他们炼制长寿药。

据传,在公元前96年,汉武帝狩猎经过河间郡(今河北献县东南)的时候,有占卜吉凶的人对汉武帝说此地有一奇女,汉武帝随即派人寻找,不久,官兵就找到一赵姓女子,此女双手握成拳状,无法伸开,十分稀奇。谁知,当汉武帝轻轻一拂,这赵姓女子的手立即就伸开了。众臣当即下跪高呼万岁,言明皇上天赋圣明,汉武帝龙心大悦,将这女子带回皇宫,后又赐封婕妤,住在钩弋宫中,故称为"钩弋夫人"。

公元前94年,怀孕长达十四个月的钩弋夫人终于生下一子,迷信的汉武帝听说上古的尧帝也是怀胎十四个月才生下来的,于是便将钩弋夫人之子取名刘弗陵,将刘弗陵诞生的房间门命名为"尧母门"。

一国之君如此迷信,自然给奸邪小人可乘之机,祸端和悲剧也由此开启。

据史料记载,汉武帝有一次在睡梦当中梦见有上千个木偶人来打他,醒来之后就病了。可是他不传召御医来看病,而是怀疑有人在使用巫蛊之术害他。

还有一次,汉武帝正坐在建章宫里养神,忽然瞥见一个男人手里拿着剑进了中华龙门,汉武帝大惊,认为是有人来害他,于是他大声呼救,结果那个男的扔下剑跑了。汉武帝立即派出大批侍卫前去搜捕,结果什么也没找到,最后掌管宫门出入的门候被斩首了。

后来汉武帝又扩大搜查范围,在全城挨家挨户地进行搜捕。虽然没有找到那名刺客,却在百姓家中、嫔妃住所搜出很多巫蛊器具。这更让汉武帝坚信有人用巫蛊之术害他。

恰在这草木皆兵的关头,当朝宰相公孙贺为了给自己的儿子公孙敬声赎罪,大力追捕阳陵侠客朱安世,朱安世出于怨恨,便在狱中上书给汉武帝,揭发公孙敬声和武帝的女儿阳石公主私通,并利用汉武帝痛恨巫蛊之术的心理,在皇上去甘泉宫的时候,派巫师在皇上经过的马路上埋下木偶人，对皇上实施诅咒。

汉武帝大怒，下令逮捕了公孙贺一家，关进监牢，交给廷尉杜周办理此事。杜周是汉武帝时期出了名的酷吏，善于罗织罪名。汉武帝另外一个女儿诸邑公主也被牵连进来，原来诸邑公主与抗击匈奴的名将卫青的儿子卫伉是表亲，当时卫伉本是承袭了他父亲卫青的爵位，但是因为犯了罪被削封，因此卫伉对皇上颇有怨言。杜周将这些怨言当作罪状全部收集，最终，公孙贺父子死在狱中，卫伉被处斩，阳石公主和诸邑公主也被汉武帝下诏诛杀。

巫蛊似乎还未清除干净，在这个情形下，汉武帝又任命自己的宠信江充为特使，对巫蛊之案又来一次彻底的清查。殊不知，一场更大的灾难正在逼近。

江充因之前扣下了太子刘据的使者而得罪了太子，眼看汉武帝年事已高，一旦汉武帝驾崩，刘据登基，那么江充必定不会被新主所喜，因前事恩怨，可能性命不保。

于是江充就利用这次的特权，企图构陷太子，搞垮太子。江充指挥巫师四处掘地寻找用于巫蛊的木偶人，但凡是挖到就逮捕周围的人，并且用酷刑逼迫他们认罪。受此牵连的人越来越多，冤死者达数万人。然而这些无辜死亡的人只不过是江充为了扳倒太子的铺路石。

紧接着，江充又趁机构陷，对汉武帝说宫中也有巫蛊之气，以致天子久病不愈。汉武帝一听，十分恼火，立即派按道侯韩说、御史章赣、黄门侍郎苏文等人协助江充整治巫蛊。

这些人在皇宫里展开了地道战，在皇后和太子的东宫里疯狂挖掘。很快，江充向汉武帝禀报，他们在太子东宫挖掘出很多木偶人。不过，令人意外的是汉武帝什么表示也没有。

山雨欲来风满楼，在这平静的时刻，太子刘据却慌了，他怎么也想不到在自己的宫内竟然会挖掘出木偶人，心中十分惊惧，更不知如何是好。他想向汉武帝证明自己的清白，可是此时的汉武帝因为身体不好，一直居住在甘泉宫中养病，钩弋夫人和皇子刘弗陵陪在身边。甘泉宫中是何情形，他一概不知。

于是刘据便向少傅石德寻求对策。石德对他说："先将江充等人抓捕入狱，查清楚事情的来龙去脉，再呈报给皇上。再说了，现在皇上在甘泉宫中养病，病情到底如何我们也探查不到。难道秦朝太子扶苏的结局不该引以为鉴吗！"正是这句话，最终帮刘据做了决定，他采纳了石德的意见。

公元前91年秋，太子门客假扮成皇上的使者前去逮捕江充等人，按道侯韩说看破了使者的身份，不肯受诏，结果被假使者当场斩杀，江充被抓捕后则被太子亲自监斩。

长安城内一片混乱，黄门侍郎苏文趁机逃出长安，他来到甘泉宫向汉武帝禀报说太子杀了江充，造反了。汉武帝认为太子宅心仁厚，一定是被江充逼急了才会这样，于是派出使者召太子来甘泉宫问话。谁知这个使者是个胆小怕事的，到了长安城下发现守备森严，不敢入城，于是回去就对汉武帝说太子确实造反了。

汉武帝于是赐予丞相刘屈氂加盖了玺印的诏书，言明造反者一律斩杀。刘据的手中并没有正规的军队，最终兵败自杀。

一代雄主汉武帝，因晚年迷信，给了小人可乘之机，最终酿成大祸，子死孙亡，真是让人顿生悲凉！

鉴历史 得智慧

太子刘据的惨死是中国封建社会皇权更迭的一个缩影，如果汉武帝不迷信长生不老，如果能对巫蛊之案更多一些理性思考，如果能给太子刘据一个当面陈情的机会,会不会悲剧结果就能改写了呢?可以说,敏感多疑、亲信小人之言,不察事实,引发人伦悲剧,导致父子交兵,自相残杀。汉武帝晚年真是犯下了极其严重的错误,看来诸葛亮的"亲贤臣,远小人"这一千古哲理在任何时期都不会过时。

耳听为虚,眼见为实,对于不太确定的结论我们不能只听一人之言,应多方求证,确保言论的正确性,避免做出错误的决定。

中兴之王——刘秀

开创"光武中兴"的治世局面的刘秀是一名杰出帝王,他也是汉高祖刘邦的九世孙,在他建立东汉政权的过程中,"举大事者不忌小怨"每每起到决定性的作用,用善于隐忍来概括刘秀的性格和经历再恰当不过了。

公元前5年,也就是西汉的建平元年,刘秀出生了。虽说他家属于皇族血脉,但是自汉景帝之后,到了父亲刘钦这一辈,也只是做了个小小的县令。家族衰落,与皇亲贵胄更是不沾一点边儿。

刘秀共有兄弟姐妹六人,他排行最小。很不幸,在他九岁那年,父母双双去世,兄弟姐妹们变成了无依无靠的孤儿,被叔叔收养。

在叔父家度过少年时代的刘秀接受了一些初等教育,长大后,他决心走出家乡,去外面的世界闯一闯。

当时,属于王莽代汉执政之时,在长安的这些岁月,刘秀接触到了各个阶层的人,听闻了人们对新朝的诸多议论,还目睹了新莽朝廷治下的社会现实,他的所学所见所知,让他有了对社会的判断,对新朝廷也是颇有不满。

在刘秀二十八岁那年,由于王莽的"新政"很不得人心,再加上水、旱等天灾不断,老百姓的生活苦不堪言,于是各地的农民纷纷揭竿起义,豪强地主也开始倒莽运动,天下大乱。

当时,以绿林、赤眉两支起义军声势最为浩大。刘秀经过缜密思考，终于决定联合李通、李轶兄弟俩密谋在宛城起义，当起义号角已经吹响，跟随者有七八千人。因为势单力薄，刘秀起义后，便本能地与当时的其他起义军实行联合，期望一起推翻王莽政权。

彼时，为了使起义名正言顺，得到天下人的支持，绿林军决定拥立刘秀的族兄刘玄为帝，年号更始，刘玄便是更始帝。刘秀因其优秀的组织力和号召力被封为太常偏将军。

绿林军的势头迅猛发展，同时也给了王莽新朝一个巨大的震动。王莽立即派遣大司空王邑、大司徒王寻率领多达四十二万人的队伍直扑绿林军。

在王莽大军即将抵达昆阳时，因昆阳守军仅九千人，众人都建议弃城逃跑，只有刘秀展现了过人的军事才能，他坚持认为"合兵尚能取胜，分散势难保全"。到了晚上，刘秀亲率十三名骑兵前去各地的起义军中求援，最终，刘秀带领援兵杀回昆阳，大败王邑、王寻军队，王寻战死，新莽军队纷纷夺路逃命。此一战使新莽政权土崩瓦解，也使刘秀声名大振。

刘秀的名声越来越响，同时也引来其他人的嫉妒与仇恨，这时刘秀性格中的隐忍发挥了决定性作用。面对攻讦和个人恩仇，他没有迷失，而是隐忍不发，始终聚焦在宏图大业这个目标上。

刘秀的哥哥刘縯之前对立刘玄为更始帝颇有微词，于是有人在刘玄耳边进谗言说若不除刘縯，终成祸患。刘玄故而将刘縯杀掉。

当时的刘秀正南下攻城略地，听到这哥哥被杀的消息，悲痛欲绝，但他只能强忍悲伤。因为他知道，如果自己表现出愤怒、悲伤等情绪，也会遭到刘玄的杀害。为了使刘玄不猜疑自己，他急忙来见刘玄，表明自己多有过失，不居功自傲，也不提哥哥被杀之事。他甚至之后都没有为他哥哥服丧，一切淡如平常。正是刘秀采取了隐忍策略，刘玄对刘秀放下芥蒂之心，还封他为破虏大将军、武信侯。

新莽政权覆灭后，刘玄定都洛阳，但是河北一带的各州郡还没有归附更始政权，需要派人前去招抚。对于招抚人选，刘玄犹豫不决。

此时，刘秀为了自己能够前去河北，想了一个主意。他拉拢左丞相曹竟和他的儿子曹诩，并在曹诩的帮助下，让刘玄同意由刘秀出巡河北。从此，刘秀如猛虎归山林，开始个人势力的急速扩张。

当时盘踞在河北大大小小多股势力，最强的势力有三股，其中最大的一股是王郎，此人在邯郸称帝。刘秀初来河北的时候，缺兵少将，还经常被王郎追拿。刘秀也不是盖的，他便不断招揽人才，并得到上谷、渔阳等地的支持。

更何况，比起招抚各大势力，刘秀更善于安抚民心。他每到一地，就会做一些顺应民心之事，为百姓平反冤案，释放囚犯，废除以前的苛捐杂税，减轻百姓的负担，还会给饥民分发粮食，等等。

不久后，更始帝刘玄还派来尚书令谢躬和真定王刘杨，在他们的帮助下，刘秀攻破邯郸，击杀了王郎。为了得到真定王的支持，刘秀还娶了刘杨的外甥女郭圣通。

眼见刘秀在河北的势力越来越壮大，更始帝刘玄坐立不安，便派遣使者召刘秀回长安领赏。飞出笼的鸟儿怎么会再飞回笼里？刘秀拒不领命，从此与更始政权决裂。

公元25年，在诸将的请求下，刘秀即帝位，年号建武，以"汉"为国号，是为汉光武皇帝。称帝之后，刘秀开始逐鹿天下。

当时李轶、朱鲔拥兵坚守洛阳城，刘秀采用离间计致使朱鲔杀了李轶，继而又劝降朱鲔。但是朱鲔因担心自己害过刘秀的哥哥，刘秀不会放过他，便拒不投降。此时，刘秀的隐忍再次发挥作用，他不计前嫌，表示"举大事者不忌小怨"。朱鲔遂降，刘秀以礼相待，继而进入洛阳，并定都于此。

自此,他扫关中、收关东、平陇西、攻川蜀,前后用了将近十二年的时间终于使得天下再次归于一统。

为了使得饱经战乱的中原大地能尽快恢复生产,刘秀实行了一系列柔治政策,一时之间,社会出现光武中兴的治世局面,百姓安居乐业,社会安定得以继续发展。

鉴历史 得智慧

刘秀本身最大的品质在于他能审时度势,不急功近利。在自己势弱,不足以与人对抗时,他首先选择了隐忍,以此来保全自己,以图后事之发展,正是他的这份隐忍,帮助他最终成就伟业,兴复汉室,出现了光武中兴的良好社会局面。

不论在历史中还是现实中,性格暴躁、逞一时之快,其实没有一点好处,只会让我们陷入困窘之境,让别人抓住你的弱点。隐忍不代表懦弱,是为了积蓄力量,让自己更加强大,从而保持内心平静,来积极应对各种挑战。

秦始皇焚书坑儒

推动中国历史进入封建社会的秦始皇在历史的画卷中书写了浓墨重彩的一笔。他先后攻灭韩、赵、魏、燕、楚、齐六国,统一中国,建立了一个中央集权的强国——秦朝,因此被称为千古一帝毫不为过。他自认"德兼三皇,功过五帝",于是自称"始皇帝",是中国历史上第一个使用"皇帝"称号的君主。

在军事上统一六国后,他对当时的秦国进行了一系列社会改革:废除分封制,实行郡县制;在中央实行三公九卿制;统一货币和度量衡;统一文字;统一车轨;等等。他北击匈奴,修建万里长城;他南征百越,置南海、桂林、象郡等三郡。可以说,"统一"是伴随着秦始皇历史功勋最显著的标签。

公元前213年,也就是秦始皇三十四年,秦始皇在咸阳宫设置酒宴,大宴群臣。众臣开怀畅饮,纷纷上前向始皇献酒祝寿。有人歌颂秦始皇统一六国,结束分裂的局面,让百姓过上安居乐业的生活;有人歌颂秦始皇驱逐蛮夷,平定边疆,人们不再担心战争……

不过,即使自诩广有四海,功业堪比尧舜的秦始皇,开始历史倒车也毫不含糊,焚书坑儒这件事儿就是在平定六国,统一诸业之后。

就在公元前213年也就是秦始皇三十四年,博士齐人淳于越反对当时实行的"郡县制",要求根据古制,分封子弟。当时的丞相李斯加以驳斥,并主张禁止百姓以古非今,以私学诽谤朝政。

秦始皇采纳老队友李斯的建议，下令焚烧《秦记》以外的列国史记，对不属于博士馆的私藏《诗》《书》等也限期交出烧毁；有敢谈论《诗》《书》的处死，敢以古非今的灭族；禁止私学，想学法令的人要以官吏为师，这就是历史上著名的"焚书"始末。

说到焚书，人们马上就会联想到坑儒。这两件事儿是接连发生的，在公元前212年，也就是秦始皇三十五年，发生了"坑儒"事件。

如果说"焚书"源于朝堂各派势力的斗争和秦始皇出入巩固统治的需要，那么"坑儒"就和秦始皇追求的所谓长生不老有关啦。

且说六年之前，嬴政狂热地迷上了仙人和不死神药，四处招揽术士，不惜酬以重金，资助这些术士为自己去寻访仙人和不死仙丹。

用脚趾头都能想到，前后几次寻访，都以失败告终了。不过嬴政并不气馁，对"寻仙团"的资助规模和力度反而越发加大。

所谓上行下效，皇帝热衷什么，民间就多什么。一时间，几乎全世界的术士高人都云集咸阳。嬴政倒是本着多多益善，来者不拒的姿态。

然而，一晃眼六年时间过去了，嬴政连仙人和仙药的影儿也没见着。时间一长术士们自己都不免心虚起来，事已至此，不管好赖，总得给嬴政一个交代。

这些术士们游走江湖，脑袋瓜也不傻，他们可不想砸了自己的饭碗，更不想掉脑袋。于是，一不做二不休，行起缓兵之计，将失败的责任推到嬴政身上，并且还附赠一个馊主意。

推卸责任这事儿首先由术士卢生操作，他向嬴政汇报道，臣等之所以屡次求仙人和不死神药而不得，是因为有恶鬼从中作祟。嬴政一听，恶鬼作祟，这还了得，如何整治恶鬼，不耽搁自己的长生不老大计？

于是，术士卢生假模假式抛出诱饵，陛下应该忘记皇帝的身份，将自己打扮成普通人，以避开恶鬼。避开了恶鬼，则真人自至。陛下也不能处理国事，不能接触朝中大臣，否则为君国事缠身，为人就不能恬淡，这样会为真人所不喜。陛下所居之宫，亦不可让任何人得知。陛下做到了这些，就一定可以得到长生不老之药。

卢生这一番堂皇的理论，不过是一种自脱之术。让嬴政放弃权力，远离国事，与世隔绝起来，这个要求于君王来说未免高得离谱。按卢生的想法，最好就是嬴政知难而退，不愿配合，然后求仙这事就这么自然而然地黄掉。无奈，嬴政已是走火入魔，真信了卢生的话。为了成仙长生不老，这点代价算得了什么！

嬴政诚意满满。首先他放弃了"朕"这一皇帝的专用自称，改而自称真人。又按照卢生的建议，将咸阳二百里之内的宫观，以复道和甬道相连，每个宫观之内，皆充以帷帐钟鼓美人，以乱人视听，且行踪所到之处，胆敢泄漏者，死罪。

大秦帝国的政务处理，照旧在咸阳宫内进行，只是嬴政不再出席。群臣奏事，则对着空空的皇帝宝座，仿佛是在对着空气表演，煞是考验群臣的演技。

嬴政越是执迷不悟，术士的压力则越是山大。一旦嬴政意识到自己被骗，可以想见他将要展开怎样的报复！

意识到这个问题，那些先知先觉的术士，还是三十六计，走为上策。最早开溜的术士是侯生和卢生。

随着侯生和卢生二人亡命而去，嬴政的愤怒是可想而知。别人逃跑也就罢了，可偏偏是你们两个！要知道，本真人豢养的术士虽多，却独独对你二人最寄厚望。当朕是什么，一个可以愚弄在股掌之间的冤大头吗？嬴政已经出离愤怒，这回连真人都不装了，一生气连朕都叫回来了，可以说本性暴露。

嬴政一声令下，还没来得及逃离咸阳的术士们被悉数缉拿归案，关押一处，严刑拷打之下，这些术士为求自免，互相揭发，甚至不惜编造，牵引诬告。审理下来，得犯禁者460余人，皆被坑之于咸阳，使天下知之，以为警戒。

鉴历史 得智慧

人们对"焚书坑儒"的历史评价是一场开倒车的倒行逆施，是秦始皇对思想文化领域的屠戮和控制。是一场因私欲引发屠戮的社会悲剧。焚书是秦始皇想巩固自己的统治，要在思想文化领域实行控制，坑儒是嬴政想寻求个人长生不老，举国家之力，动用公器，满足私欲。

对于那些被坑杀的术士儒生来讲，"悲剧是悲剧者的墓志铭"这句话再合适不过了，当他们想从一个动用国家公器满足私欲的君王那里寻求名利富贵时，命运早已在这份礼物后标好了价格，只是他们自始至终没有想到这份礼物的价格如此昂贵，代价是生命而已。

舜继位前的遭遇

在中国历史上,三皇五帝的传说中,舜帝最为特别。他20岁即以孝闻名天下,30岁为尧所知并娶其两女,50岁代行天子之政,在位39年,其时华夏民族疆域扩大,政治清明,百姓安康。太史公司马迁赞誉虞舜说:"天下明德皆自虞帝始。"

舜,是颛顼的六世孙。舜的父亲名叫瞽叟,因双目失明而得名。舜帝的出生带着祥瑞色彩,据说瞽叟的妻子一次看一道美丽的彩虹发呆,忽然觉得心动而怀孕,后来在姚墟生下一个儿子,这孩子就是舜。舜的长相也很特别,他每只眼睛都有两个瞳仁,于是起名重华。后来,他又封于虞,所以叫虞舜。

只是,舜生下来不久,他的母亲就死了,幼小的舜从此不仅失去了母爱,而且也从未得到过父亲的疼爱。

瞎老头儿瞽叟,不久又娶了一个年轻美丽的妻子,生下一个叫象的儿子和一个女儿,舜的日子就更不好过了。幼年时期虽然没有得到一点家庭的温暖,时常遭到父亲的毒打,实在忍受不了时,就独自跑到荒野大哭一场。尽管这样,舜的性格却非常笃厚善良,仍然爱着他的父亲、后母和后母所生的弟弟、妹妹。

多年后,舜终于长大,成为顶天立地的男子汉,他孝敬父母、关爱弟弟妹妹的贤名也早已传遍华夏各部。狠心的父亲和继母却待他依然如故，舜只好离家出走，来到他早就向往的东方。

可能是有孝行的人受上天眷顾，舜不论到哪里都受到人们争相拥戴。舜来到东方，先是在历山开荒种地，没过多久，历山的农民受他的感化，都争着让起田界来。舜又到雷泽去打渔，过了不长时间，雷泽的渔夫也都争着让起渔场来。舜后来又来到寿丘制造各种家具器物，人们听说后纷纷迁来居住，仅一年时间，这地方就一年为村，二年成镇，三年建城。就这样，舜的名声由此更加显扬。

当时的天子尧感动于舜的孝行，决定让舜继承帝位，还把两个女儿娥皇、女英嫁给舜，让九个儿子伴随舜。在舜的感化下，尧的两个女儿都不敢以帝女自骄，而是像一般人家那样与邻里和睦相处，尧的九个儿子也都尊敬舜这个姐夫，他们的性格也像舜一样日益笃厚恭谨。

尧这时也非常高兴，于是赐给舜一把琴和一套细葛布衣，为他修建了几间谷仓，并且给了他一群牛羊。

舜自己做了天子的贵婿，还得到老丈人的赏赐，丰衣足食，受人尊敬。可他并没有忘记他的父母，于是带着两个妻子去见家人。

这一家人竟然想要害死舜，以便得到他的财产和妻子。

有一天，象喊舜去修缮谷仓，舜回家告诉了娥皇和女英，她们每人送他一个竹笠遮日。当舜爬上谷仓后，象和瞽叟就从下边搬走梯子放起火来。舜将竹笠举起，从谷仓上跳了下来，斗笠像鸟翼一样，降低了他下坠的速度，他平稳着地没有一点损伤。

瞽叟和象一计未成，又想出另一阴谋。

这一天，瞽叟又叫舜去浚井，舜又回家告诉了妻子，她们每人又送他一柄锋利的铲子。舜下井后迅速用两把铲子在井壁凿了一个洞穴，刚刚凿完，瞽叟和象就搬来土石，往井里填埋，填了一阵，听听井里没有动静，以为舜已死去，于是立即跑回家去分赃。

象大言不惭地抢先说："主意是我出的，两个嫂嫂和琴分给我，牛羊财物就给了爹妈吧！"说完就飞快地跑到舜家，拿着舜的琴在那里摆弄，他想得到两个嫂嫂的欢心。没想到，舜已用利铲把井凿通赶回家来。

象见了舜大吃一惊，舜这样都没死，他内心非常不快，过了好一阵才假惺惺地说："我正在想念你呢！"舜的格局真不是一般大，他的孝行确实能感动周围的人，他丝毫也没有生气的样子，很平静地回答说："如果这样，你一定很懂得兄弟情义了。"

一般人听到舜这样说了，不得羞愧而死？但是象没有，他像铁了心似的要置舜于死地。两次害人失败的瞽叟和象还不死心，他们又想借赔礼之名请舜饮酒，想把他灌醉后杀死他。不想此事被舜同父异母的妹妹偷听到，她同情哥哥的遭遇，连忙把这事告诉了嫂嫂。

当象来请舜时，舜的两个妻子分别送给舜一包解酒的东西，然后舜就去赴宴了。宴会上，陪酒的人都醉得不省人事，而舜却毫无醉意——无疑这场阴谋又失败了。

经过这几件事以后，舜待父母、弟弟妹妹更加孝悌友爱，瞽叟和象这才良心发现，可能他们也发现自己再怎么恶毒想害死舜，舜就像有神仙护体一样，每次都能化险为夷。于是，他们回心转意，一家人从此和和睦睦地过起日子来。

鉴历史 得智慧

孝顺父母，爱护兄弟姐妹，自古就是中华民族的传统美德。有缺点的父母（包括继父母）和兄弟姐妹该不该爱？舜用他的行动为我们树立了一个榜样。

对于有缺点的父母、兄弟姐妹，应该用一颗爱心去感化他们，帮助他们改正自己身上的缺点和毛病，这是一个正人君子应取的态度，也是修身的重要法则。

宋襄公因死板败兵

宋襄公，是春秋时期宋国的第二十代君主，本名兹甫，位列五霸之一，他是一个将仁义视为比自己生命还要重要的人。公元前642年，齐桓公因病去世，朝中的三个奸臣易牙、竖刁、开方一手掌握大权，在齐国发动了一场内乱。他们为了巩固自己的势力，废掉齐桓公立的太子公子昭，扶持他们的傀儡公子无亏当上了国君。被废的公子昭看到情势对自己十分不利，再待下去很可能还会有性命的危险。于是就跑到宋国去，请宋襄公为他做主。宋襄公这个人野心很大，齐桓公去世后，他一心想成为春秋的霸主。不过宋国的实力并不强大，可权力的诱惑实在是太大了，他想利用这次齐国公子来投靠他的机会实现他的梦想。于是便联合卫国、曹国和邾国等四国的人马去攻打齐国。由于齐国的一些贵族不满易牙等人的统治，所以对公子昭怀有同情之心，再加上不清楚宋军实力，于是就群起将当时已登上王位的公子无亏杀了。公子昭顺利登基，即齐孝公，宋襄公也因此小有名气。

宋襄公自认为对齐孝公的复位起到了十分重要的作用，是足够树立威信称霸诸侯的时候了，便想将自己盟主的地位确定下来。公元前639年，宋襄公召集齐、楚两国的国君相聚在齐国的鹿地。宋襄公认为这次会议的发起人是自己，同时齐国和楚国的霸位也不如宋国高，所以他事先并未征求齐国和楚国的意见，便自作主张地以盟主的身份自居，还擅自拟了一份秋季在宋国会合诸侯，共同扶持周王室的通告。楚成王对宋襄公的做法很不满意，到了约定开会的那一天，楚成王就公然说道："楚国很早就开始称王，宋国虽说是公爵，但比起王来恐怕还稍低一等，所以盟主的座位理所当然由我来坐。"经过一番论战后，宋襄公最终没能如愿以偿地当上盟主，从那时起，宋襄公对楚国怀恨在心。后来，他听说在支持楚国为盟主的国家中，郑国是最积极的，于是他便想讨伐力薄国小的郑国，出出胸中恶气。

宋襄公不顾众位大臣的反对，硬要对郑国采取武力措施。郑文公知道消息后，知道势单力薄的郑国并不是宋国的对手，于是他便向楚成王求援，楚成王答应来救援郑国。不过，楚成王并没直接去救郑国，而是率领大批人马直接攻击宋国。宋襄公知道后一下就乱了阵脚，因为楚国兵强马壮，宋国一定会吃大亏。于是他也顾不上攻打郑国，便连夜带兵赶回国内，在泓水的河边扎好营盘，等待楚国的到来。楚国的兵马来到了对岸，宋国的大司马公孙固对宋襄公说："楚军此次的目的只为救郑，现在咱们已经从郑国撤军，他们也就没有动兵的理由了。我们国家的实力毕竟不如楚国，不可硬拼，不如与楚国讲和算了。"谁知宋襄公却说道："楚国虽然算得上是强国，可他们却缺乏仁义，而我们虽然势力较弱，却是仁义之师。不义如何能够胜得过仁义呢？"随后，宋襄公还命人特意做了一面绣有"仁义"二字的大旗，要用"仁义"来战胜楚国的刀枪。

经过了一夜的休整，第二天楚军已经开始过河了。此时公孙固又向宋襄公建议道："现在我军所处的位置明显占有地理优势，若在他们过河过到一半时，我们杀过去，一定能够将他们打败。"顽固的宋襄公却指着"仁义"之旗说道："半路对楚军进行攻击，算不上是仁义之师所为。"楚军全部渡过了河，开始在河岸上布阵。此时公孙固第三次向宋襄公出谋划策："如果我们趁楚军混乱布阵之时向他们发起进攻，还有取胜的可能。"不料，宋襄公听到此话却说道："楚军还没有布好阵，我们若现在攻过去，岂是一个仁义之师的作风？"

直到最后，楚军已经布好了阵，他们可不会讲什么仁义，列队杀气腾腾地冲了过来。仁义的宋襄公最终没能取得胜利，还被楚军打伤。那面"仁义"大旗，也在混战中不知所终了。

鉴历史 得智慧

"学会变通，善莫大焉。"成功者之所以能够取得成功，很重要的一点就在于他们善于变通。宋襄公的愚蠢就在于他不懂得变通。诚然，推崇仁义值得受人尊敬，但也要分清自己所处的环境和条件。在战场那样一个杀人不眨眼的地方，过度强调仁义无疑等于自取灭亡。生活中也是这样，人活在世上的一生，总是会遇到这样或那样的危险或者挫折，坚持自己的原则并没有错，但也一定要学会擦亮眼睛看清事实，只有变通才能让我们顺利地渡过难关。在充满不确定性的环境中，我们需要的并不是朝着既定的方向勇往直前，而是在随机应变中寻找求生的路。我们应当明白，在一个充满变数的社会里，灵活机动的行动比一成不变的固执要好得多。

一味地按教条的思维去考虑问题而不懂得变通，难免陷入迂腐的误区，而崇尚空谈轻实际的决战方式，是可笑而注定要失败的。宋襄公的可笑，在于他混淆了"仁义"运用的场景和实际情况，才使得自己一步步地被动起来。宋襄公的迂腐做法我们当引以为戒。

武则天实现野心要"名正言顺"

大凡成大事者都有惊人的野心,但智者知道如何控制勃勃雄心,在条件不具备时不轻易显露。唯有在一切都"水到渠成"之时,野心才能真正实现,所以凡事不必操之过急,要遵循循序渐进的发展规律。

能对自己的野心徐徐图之,静待花开,最终登顶帝位的人,武则天是其中最著名的一位。

武则天问鼎帝位的过程要从她刚入宫的生活开始。

当年,14岁的武则天入宫的时候,被唐太宗赐名为"媚"。唐太宗驾崩,武则天和其他同样未生养子女的宫人们一起被剃度,进入感业寺。

太宗驾崩后太子李治即位,即便武则天入寺为尼,李治对她也是一直未能忘怀。原来李治为太子时,因为来宫内侍奉病榻上的父皇太宗,有机会见到了比他年长4岁的武则天。李治被武则天的美貌与多情的目光所吸引,也因她的聪明才智而心动,他们一见便不由自主地私下往来。

永徽元年(650),太宗周年祭日时,李治以行香祈福为名去了感业寺,在那里见到了已经落发近一年的武则天。

高宗与武则天暗通款曲,早已不是秘闻,不久武则天即被征召入宫,并由感业寺尼成了正二品的昭仪,地位扶摇直上。

武则天本就极具情商与手腕,重回宫中后,高宗在武则天这里得到了无比的欢愉,而且他发现与武则天之间有很多的共同语言。

永徽六年(655)十月,高宗下诏废王皇后册立武则天为后。重回宫内,用五年时间,武则天终于以她的美貌与才智,如愿以偿地入主中宫,走上问鼎帝位的第一步。

公元683年,唐高宗风眩病病情加重,不治身亡。

昔日唐高宗在位时,因患有风眩病,自公元660年起,便把大小政事多半委托皇后处理,自己好清心养性,武则天也因此得到朝堂政事的锻炼,渐渐掌握了朝中大权。

随着高宗驾崩,继位的李显又是她的儿子,要想废黜只是一句话而已。当权柄触手可及,武则天不觉野心萌动,她想要尝试一下当女皇帝的滋味。

尽管她已经等待了三十三年。对于称帝,她先是做了一番试探,当时中宗被废后,武则天故意问群臣:"此后应由何人承续帝位?"宰相和群臣应声答道:"就立豫王李旦为帝。"

群臣的意见给她打了一针清醒剂,她知道,自己现在做皇帝时机还不对。所以,她只得遵照群臣的意见,暂立豫王李旦做了挂名皇帝,为唐睿宗。即使这样,仍有不少大臣屡屡站出来劝谏,要武则天尽早把朝政大权还给皇帝李旦。

对于武则天把持朝政的事,唐朝开国名将李勣的孙子李敬业甚至召集十余万兵马,发誓要杀掉这个想篡夺大唐江山的女子。大文豪骆宾王也挥毫抒愤,写出了千古名扬的《讨武曌檄》,追随李敬业麾下,最后兵败而不知所终。李敬业之后仍有许多州县的一大批刺史起兵讨武……

面对朝野上下如此强大的反对力量,武则天心里清楚,虽然此时在帝位对她而言不过是朝中说句话的事儿,但众人不服,民心不稳,这样的皇位不会坐长久,于青史还可能留下恶名。

放眼前途，她决定费些时间，先营造声势，设法改变人们的观念，改变民众对女人尤其对她这个不一般的女人的敌视态度，再顺理成章登基为帝。

只是这个声势怎么营造，着实颇费心思。

首先，武则天表面上归政于李旦，暗地里却暗示李旦写表坚决推辞，表示自己于政事有心无力，最好由母亲武则天管理朝政，这样一来，就好像武则天是迫不得已才临朝，掌握皇权。

第二步，武则天又让侄子武承嗣派人在石头上刻上"圣母临人，永昌帝业"八个大字，涂成红色，扔进洛水，再由雍州人唐同泰取来献给朝廷。而武则天则亲祭南郊，告慰神灵，称此石为"授圣图"，并改进水为永昌水，封洛水神为显圣侯，给自己加号圣母神皇，封唐同泰为游击将军，并举行了声势浩大的拜洛受瑞仪式，使人以为她当皇帝乃是奉循上天的旨意，在民间极力中营造自己帝位神授的声势。

接下来，她又从宗教入手，当时佛教还不是第一大宗教，为了让佛教为我所用，高僧法明撰《大云经》四卷，遍送朝廷内外。

《大云经》中在醒目的位置称武则天本是弥勒佛的尘世化身，理当代为主宰唐朝。武则天则顺应《大云经》所撰，便令两京诸州官吏，使百姓大读特读，并专门建寺珍藏此经。

除了神话自己，还要有民意相应，武则天又令左补阙傅游艺率百姓900余人，来朝廷上表，恳请武则天亲临帝位。武则天佯装不答应，却马上把傅游艺提升为给事中。于是，百官宗戚、远近百姓、四夷酋长、沙门道士竞相仿效傅游艺，上表奏请武则天当皇帝。上表者竟多达6万余人。

如此声势浩大的舆论，民众都觉得武则天做皇帝已是上应天意下顺民心，众望所归。百官群臣也乐得顺水推舟，请求武则天早日登基，就连挂名皇帝李旦竟也认为自己这个皇帝是抢了母亲的位,亲自上表请求改姓武姓。

如此这般操作下来,时机已然成熟,武则天这才废了李旦,亲自登基为帝,反对者声息皆无,这个皇帝武则天做得稳稳的。

鉴历史 得智慧

武则天是中国历史上唯一一位正统女皇帝,她缔造了一个传奇。支撑这个传奇的不仅仅是她作为一名女性在男权社会登上帝王宝座的过程,更是因为她本身就是封建时代杰出的政治家。唐王朝一共290年的历史,有近半个世纪是由武则天这位女皇导演的。

虽然她有雄心,但并不急于行动,而是善于因势利导,借助方方面面的力量,为达到自己真正的意图而摇旗呐喊。一切都是那么顺理成章,武则天也乐于"顺水推舟",牢牢地坐定了自己的宝座。

对于那些有志向的人,武则天的一生最大的启示莫过于要懂得隐藏自己的雄心,善于蛰伏等待,别让自己过早地成为"众矢之的",以致失败。

赵匡胤杯酒释兵权

赵匡胤，小名香孩儿。涿郡人，生于洛阳夹马营（河南省洛阳市瀍河回族区东关），他是北宋的开国皇帝，也是一位富有谋略的政治家。

作为中国历史上一位了不起的军事家和政治家，宋太祖赵匡胤更是以善于耍手腕而著称，而且在历史上留下了浓墨重彩的一笔。

在统一天下之后的宋朝初期，为了强化中央集权，宋太祖赵匡胤听取了赵普等文臣谋士的建议，以和平方式、分阶段收回了禁军将领与藩镇节度使的兵权。

其故事大意是：某天，赵匡胤请一起打天下的兄弟们吃饭，酒酣耳熟之际新任皇帝突然说现在自己整夜不得安眠，他的兄弟们连忙询问原因。赵匡胤说："如果未来某一天你们的手下贪图富贵，再把黄袍披在你们身上，到时候你们该怎么办呢？"

皇帝的话不言而喻，于是当年的兄弟、现在的臣下纷纷匍匐在地说："臣等愚笨，不知道怎么办，希望陛下给我们指一条明路。"

赵匡胤此时大度地说："人生如白驹过隙，所求富贵不过钱多点，子孙无贫忧，你们为何不交出兵权，我再赏赐给你们良田美宅，从此，你们便安心地去做富家翁不是更好？"

兄弟们于是再次纷纷拜倒，并知道已无回旋余地，愿意服从命令，交出兵权回家。

"杯酒释兵权"的故事自古流传，一直被视作不伤君臣和睦，防止大臣军变的典范。

即使如此，赵匡胤仍然没有善罢甘休，他还担心这些老臣们会倚仗功劳和威望，大肆地聚敛钱财，便思考如何从大臣们手里把钱财捞回来。

于是，在一次朝会上，赵匡胤对众臣说："众位爱卿，你们各人对我大宋朝有不世之功啊，没有你们多年来的浴血奋战，哪有今天的大宋江山啊！今天，我要重重地奖赏大家，封你们每人一百亩土地，并准许你们在受封的土地上建造自己心目中的豪华庄园，以颐养天年，踏踏实实地过太平日子，岂不美哉？"众大臣齐声高呼："谢主隆恩！吾皇万岁万岁万万岁！"然后散朝开心地回家了。

这些大臣们心想，既然皇帝让我们颐养天年，并且封了土地，那就在受封按照自己的喜好每个人都建造了一座豪华的府第，结果他们土地上大兴土木，各自都花费数万两银子。

赵匡胤一看大臣们都大手笔建好了房子，又摆下酒宴，请各个大臣前来喝酒谈心。

当大家喝得酒兴正浓的时候，赵匡胤宣先命人把大臣们送回家，然后又召见每位大臣的子女，对他们说："你们的父亲刚刚在酒席上已经答应各自献给朝廷十万缗钱了，赶快回家准备去吧，不要拂了你们父亲的面子啊！"

几位大将回到家后，他们的子女就告诉父亲说，宫内宴请之时，他们曾经答应献给朝廷十万缗钱财。

这些大臣们虽然怀疑自己是否喝醉了酒还是真的说过这样的话，但迫于压力，自然不敢找皇上对质，于是第二天还是齐齐上奏，表示要如数上交十万缗钱，为国库的积累作出自己的一点贡献。

鉴历史 得智慧

从赵匡胤杯酒释兵权的整个过程来看,他采用的手段虽然不够正大光明,却非常有实效。这给我们在处理事情时很大的启发,我们不一定非要学习他的这种谋术,但是可以借鉴他分析问题、处理问题的方法。人们在遇到难题束手无策的时候,可以借助外部力量来解决困难,通过外部力量的加入,加速或者延缓事情的进展,来达到自己的目的。

赵襄子学驾车

战国时期,有一个强大的国家,这就是赵国。说起赵国历史,要从赵襄子赵毋恤(赵无恤)说起。

赵襄子在位时,有一段时间很想学习驾车,于是就叫王子期教他。王子期领命后先为赵襄子作驾车示范,并仔细讲解驾车的要领,而且还手把手地教赵襄子。

赵襄子自诩聪明,倚仗自己资质过人,不喜欢王子期啰哩啰嗦的,就让他赶快把驾车要领都教给他,他想自己细细揣摩。

被嫌弃的王子期知道大王是个急脾气,只好随他的心意。赵襄子每天勤加练习,没过多久,他就可以独立驾车了,而且他认为自己驾车的本领已经很高了,心中更是十分欢喜。

有一天,赵襄子找来王子期对他说:"我已经学会驾车了,咱们比试一下吧。你也好检验一下我这个徒弟的水平,如果我这个徒弟胜过你这个老师,你可不要生气哦!"说完哈哈大笑。

比赛开始,王子期让赵襄子先选马,赵襄子选了一匹最好的马。两人便套上马车,侍从一声令下,只见两匹马飞奔出去,赵襄子一副势在必得的样子,用尽全力去驾车。

头一场,赵襄子尽管输了,但是士气不减,还怪自己选的马不好,要求和王子期换马。王子期也不多说,换就换吧。

第二场,两人交换了马匹,赵襄子以为这次一定可以稳赢了。可是这匹马好像成心和他作对，一到他手里就没有第一场在王子期手里跑得那么快，无疑第二场他又输了。

连输两场，赵襄王绷不住了，很是生气，就痛骂那匹马不识抬举，可是他还是不肯服输，就对王子期说："刚才，你那匹马已经跑了第一场，体力消耗太多，到跑第二场的时候就没力气了，这样吧，咱们再重新选马，加赛一场如何？"王子期一言不发，只是点点头表示同意。

第三场，赵襄王做足了准备，特意请来驯马的师傅，要他给自己选一匹体能最好、跑得最快的马，而王子期只是随便选了一匹一般的马。这一场的结果也没能让赵襄王找回面子，即使他驾着这匹平日里跑得最快的马还是没能赢王子期。

赵襄王很气恼，他丧气地对王子期说："你是不是对我有所保留，不肯把驾车的全部技术都教给我？"

王子期面色平静地答道："大王您放心，技术我已经都教给您了，毫无保留。只是您在使用技术的时候犯了错误。"赵襄王不太懂，要他仔细说明白。

王子期说："一个车夫驾车时最注重的就是马套在车辕是否让马儿感到舒适，人的心意要与马的动作协调，人马合一，马才能跑得快，跑得远。

这三场比赛中，每当您落在我的后面时，便一心想着怎么追上我，等到您跑到我的前面时，又怕我追上您。其实马在大道上比赛，不是前就是后，这是很正常的事情。而您无论在前或是在后都想着和我比赛的输赢，怎么能一心一意调度马呢？这就是您每赛必输的原因啊！"

听了王子期的话，赵襄王若有所思。从此他驾车时，多了一个步骤，要检查马匹和车辕是否合适，也调整了心态，不再关注驾车的快与慢，而是关注人与马的配合。

鉴历史 得智慧

赵襄子驾车一心专注在竞争对手上,对手跑得快,他心焦,一心想超过他对方;而对手跑得慢,他又怕对方赶上来,超过自己,仍然是快马加鞭,自始至终不顾马套在车辕里是否舒服,不去专心调度马,这是他三战三败的主要原因。

赵襄子学习驾车的事例其实提示我们做任何事都要专心、专注于自己。一心专注在竞争对手身上,就会打破自己的节奏,导致心态失衡,失败在所难免。

做事、做学问都是如此,只有抛弃杂念,集中精神,才能使自己的智慧、能力得以充分发挥,取得好的成绩。

节俭的金世宗

历史上,历朝历代的更迭大多亡于奢侈暴敛,金世宗对这样的教训有深刻的理解。所以,他把俭约列为治国大略的首条,多次教育子女要节俭,以身示范来带动臣下节俭。

公元1173年3月,太子詹事刘仲海上奏金世宗,请求增加东宫的人员和供应。金世宗说:"东宫的各个司、局的人员都有定数的,里面一应供给也已经备置了,再增加有什么益处?东宫是储君起居之所,太子生在富贵之中,容易养成奢侈的习惯,我们现在应当用淳朴节俭来教导他。我自从即位以来,穿的衣服以及使用的东西,还都是旧的,你就以这个意思告诉太子吧。"就这样,太子詹事刘仲海的奏请被驳回。

公元1176年,金世宗在金殿上当面教育太子和其他皇子说:"凡是使用的东西务必节省,如果有了多余的,就要周济亲戚,千万不能浪费。"

更可贵的是,金世宗不仅不断教育太子和其他皇子、国戚、群臣要力行节俭,而且自己处处以身示范,他的有些节俭做法简直令人泪下。

公元1167年10月,金世宗听说他所视察过的郡邑,凡是住过的堂宇,都保持他住过的样子,并闲置下来,作为永久性的纪念时,立即告诉群臣说:"这种做法实在没有任何意义,应该马上通知各郡邑,将空留的房子一律复为原用,以后也不准再留。好好的堂宇,就因为我住过而空着,这是极大的浪费。"

金世宗在位二十九年,没有增建过一处宫室。他也从不大吃大喝,耽于享乐,而是带头节衣缩食,除了太子生日及春节外连酒都不饮,平常的膳食不过是四样,连穿的衣服也不多做,而且还非常爱惜,常常三四年不做新衣,平日都穿旧服。

有一次,金世宗念叨了一句想吃点新鲜荔枝,兵部于是特别铺设了道路运送荔枝。金世宗知道后大为光火,说如此浪费,滥用人力还了得,即宣布自己不再吃荔枝,又重重地处罚了主办者。

更为感人的是,有一次,金世宗已出嫁的女儿回宫,正值他吃饭,而宫内准备的饭量正好够他一个人吃,连一点多余的让女儿吃的都没有。如此节约,值班官都感动得哭了。

金世宗常常对群臣说:"你们应当全力带头推行节俭朴素,为全国人民做出榜样,使官民以你们为榜样,以求在全国形成俭朴的风气。"在世宗的身范下,臣吏节俭蔚然成风,民间风俗也很淳俭。

鉴历史 得智慧

金世宗力行节俭能够上行下效,其成功的原因可以总结为两点:一是身先示范,以自己的切身行动来带动自己所倡导的言行,更容易被广泛地接受;二是不间断的宣传,让节俭的观念深入人心。这样双管齐下来劝诫臣民节俭,收到了良好的效果。

在当代,我们能从金世宗身上学习的就是他的身范。如果是领导或者长官培养下属,说一套做一套是肯定不行的,只有言行一致,以行动和言语双重手段教育下属,同时不断鞭策自己,告诫下属,形成长效的育人机制,这样才能更好地培养人才。

第二章

千金易得，知己难求

管鲍之交

管鲍之交，是汉语中一则来源于历史典故的成语，这则成语本义指管仲和鲍叔牙之间的深厚友情。

管仲和鲍叔牙在年轻时代就是非常好的朋友。最开始时，两个人合伙做生意。由于管仲家里穷困，出的本钱没有鲍叔牙多，但是到分红的时，他却要多拿钱。鲍叔牙手底下的人看不过去，很不高兴，暗地里骂管仲贪婪。鲍叔牙却对底下人解释说："他哪里是贪这几个钱呢？他家生活原本就困难，是我自愿让给他的。"

后来，管仲曾经和鲍叔牙一起带兵打仗，进攻的时候管仲躲在后面，撤退的时候却又跑在最前面。连他自己手下的士兵都觉得羞愤，十分瞧不起他，更不愿再跟着他去打仗。鲍叔牙这时又为管仲解围，说道："管仲家里有老母亲，他保护自己无非是为了奉养母亲，并不是真的怕死。"

每次，都是鲍叔牙替管仲辩护，极力掩盖管仲的缺点和自私，完全是为了爱惜管仲这个人才。管仲听到鲍叔牙这些话，非常感动，叹口气说："生我的是父母，了解我的是鲍叔牙啊！"管仲和鲍叔牙就这样结成了生死之交。

当时，齐国的公子小白和公子纠争夺王位，此时鲍叔牙辅佐公子小白，而管仲则辅佐公子纠，结果公子小白先到达齐国称王，就是历史上有名的齐桓公。

鲁国的鲁庄公在这场王位争夺战中是站在公子纠这边的。为消除竞争对手，齐桓公发兵来到鲁境，强令鲁庄公杀死公子纠，并交出管仲。

鲁庄公迫于大兵压境的形势，不愿意为一个他国失势公子冒亡国的危险，就急忙下令将公子纠杀死，又派人把管仲抓起来，打算杀死他。

被鲍叔牙派到鲁国去接管仲的隰朋，听说鲁庄公的计划，慌了。隰朋急中生智，跑去对鲁庄公说："我们国君对管仲恨之入骨，非要亲手杀他才解恨。你们把他交给我吧。"听了这话，鲁庄公觉得管仲必死无疑，也懒得自己亲自动手，就将公子纠的头连同管仲都交给隰朋带回齐国。

管仲安全抵达齐国的地界，鲍叔牙马上让人放出管仲，并护送他一同回到临淄。鲍叔牙还安排管仲住进自己家中，然后立即去向齐桓公推荐管仲。

齐桓公说："管仲不就是射我衣带钩的那个家伙吗？他射的箭至今我还留着呢！我恨不得剥了他的皮，吃了他的肉，你还想让我重用他？"原来，齐桓公当年在和公子纠争夺王位时，被管仲射过一箭，幸好齐桓公命大，现在时来运转，齐桓公正等着报当日的一箭之仇。

鲍叔牙急忙劝解道："那时各为其主嘛！管仲射您的时候，心里只有公子纠。再说，您如果真要富国强兵，建立霸业，没有一大批贤明的人是不行的，与其让管仲死只为消除心头之恨，不如让管仲活为您的霸业贡献才智，管仲的才智与贤明值得您摒弃前嫌留下他啊。"

齐桓公却说："其实我早已经想好了，在我所有的大臣中，你就是最忠心、最能干的了，我要请你做相，帮助我富国强兵。"

鲍叔牙说："大王如此厚爱，我感激不尽，正是因为要同您一道建功立业，所以只要是有利于富国强兵的能人志士我都要尽心为大王找来。而今，与管仲的治国之才相比，我差远了，管仲才是治国图霸的人才哪！您要是重用他，他将为您射得天下，哪里只射中一个衣带钩呢！"

于是，在鲍叔牙的劝说下，齐桓公没有杀管仲，还任命管仲为相。

后来，管仲病重的时候，齐桓公问他谁能够接替他管理国家，当时齐国有名的大臣宁戚、宾须无已经先后去世。

管仲虚弱地叹了口气说："哎！可惜宁戚早死了。"

齐桓公再问："我想任用鲍叔牙，你看怎么样？"齐桓公心想：鲍叔牙是元老重臣，又是你管仲的朋友、大恩人，如果提鲍叔牙为相，管仲肯定会同意。

不料管仲却说："鲍叔牙为人道德高尚，但是您不能让他做相，管理国政。因为他对别人的过错老是记在心里。一国之相，度量不大一些怎么行呢！"

没过几天，管仲的话就传到了某个奸人耳朵里，他马上去找鲍叔牙，对他说："老将军，谁不知道管仲是您推荐的啊！可是管仲这个人却忘恩负义，国君提议让您做相，他却说您一大堆坏话，否定了您，我真替您抱不平！"

对方满以为鲍叔牙听了这番挑拨离间的话，会恨起管仲来，谁知道他低估了鲍叔牙对管仲的了解。只听鲍叔牙反倒哈哈大笑，竖起大拇指说道："管仲忠于国家，不讲私人交情。这才是我推荐管仲的原因啊！可见我当初推荐管仲没错！"对方碰了一鼻子的灰，满面羞愧地溜走了。

管仲去世后，齐桓公请鲍叔牙做相，鲍叔牙认为自己不合适，坚辞不受。齐桓公说："现在朝廷里没有比你强的了，你不同意，那么让谁来做相呢？"鲍叔牙只好从命。

鲍叔牙做了齐国的相以后，没有胡乱施政，而是继续施行管仲的政策,所以齐国继续保持了春秋霸主的地位。

鉴历史得智慧

管鲍之交能留名青史,最可贵的是做到了唯贤是举、荐贤不避仇的举荐原则。事实证明,朋而不党,这才是他们伟大的友谊,在举荐的大公之心面前,任何离间和挑拨都是无力的,直言不讳、有一说一,这种耿介的管鲍之交是齐国的大幸,也是齐国大兴的原因所在。

王安石抱病救苏轼

在中国文学史上，王安石和苏轼都占有重要地位，他们都取得了极大的文学成就，写下了脍炙人口的传世之作。

王安石是北宋中期著名的政治家、文学家，苏轼是这个时期杰出的文学家。虽然他们二人在政治上有很大分歧，但在文学上却是惺惺相惜的好朋友。王安石抱病救苏轼的故事，更是被传为文坛佳话。

说起这个故事，要先介绍下故事的主角之一苏轼其人，苏轼字子瞻，号东坡居士，四川眉山人。他写的文章气势浩大、豪放畅达，为"唐宋八大家"之一。他写的诗和文章相得益彰，刚健清新，而他在词作上的成就更是斐然，苏轼的词自开一派，名曰豪放派。在书法和绘画方面苏轼的艺术造诣也很高，因此，在当时得到很多人的推崇。由于在文学和书画艺术上的成就，说他是文坛领袖毫不为过。

苏轼在文学方面独辟蹊径、敢想敢做的作风也延续到了他的政治仕途上。因此在官场上他仍然保持这一风格。宋神宗支持王安石变法时，苏轼在文学上敢想敢干的劲头一触即发，他逆潮而动，不仅言辞上公开反对，还撰写诗文反对时政。结果触怒神宗，直接被贬出京。就这样，有很多人理解他的文章也多从政治方面解读，甚至曲解，给他带来更大的麻烦。

有一次，苏轼写了一首《咏桧》诗，其中有一句是"根到九泉无曲处，岁寒只有蛰龙知"。这句诗的本意是歌颂桧树的根能扎到九泉之下也不弯曲，地下的蛰龙是它的友邻和知音。一种处涸辙以犹欢的庄子的逍遥气派，竟被一些人解释为桧树的根宁折不弯是对皇上的反抗，是图谋不轨大逆不道。

神宗皇帝本就对苏轼之前在政见上的所作所为很恼火，这次听信了他们的指摘，就派人专程赶到湖州，逮捕了时任湖州知府的苏轼，并抄了他的家。可是那些人并不放过苏轼，政治倾轧的恐怖就在于此，一首诗被曲解，然后就是欲置苏轼于死地。这就是历史上有名的"乌台诗案"。

"乌台诗案"震惊了朝野，由于苏轼在文坛太有影响力了，所以许多高官勋贵都为营救苏轼忙碌起来。

苏轼的弟弟先上书，说："愿意以我自己的官职替哥哥赎罪。"接着王安石的弟弟王安礼也为苏轼求情，就连当朝宰相吴允和太皇太后也请神宗网开一面，赦免苏轼。

就在神宗犹豫不决时，退休隐居在江宁的王安石听说了苏轼被捕一事，当夜就急忙离开病榻，不顾一切地让人把他送到京城，并请求立即面圣。

见到神宗后，王安石拖着病体恳切地说："自古以来，凡是宽容大度的皇帝，都不因为言语的过失而惩罚大臣。现在，如果不遵照古人的教训，后人会说皇上您是个容不得有才能的人，您一定不愿意在青史上留下这样的名声。"随后，王安石又举了曹操的例子，说："曹操一生虽然好猜疑，他尚且能宽容祢衡。陛下您不是曹操，更不会随便猜疑臣子，对苏轼，又怎能杀害呢？"

宋神宗本来就有些疑惑，再加上王安石语重心长的话，越来越觉得那些人是诬告苏轼，有些牵强附会。好在，宋神宗反省了一下自己，觉得自己的做法确实有些不当，于是就按照王安石的建议，释放了苏轼。

鉴历史 得智慧

所谓：尺有所短，寸有所长，人有其长，必有其短。于诗词、书画艺术造诣而言，王安石略逊苏轼，以官场政治智慧的运用而言，苏轼差王安石一截儿。

王安石抱病救苏轼，也给那些身为领导者的人以启迪，不论官场、商场，一个组织内的生态环境应该由其首领负责，这个首领要具有容才的度量，善于理解和宽容人才的缺点，会寻找契机加以培育，这样才能让人才的聪明才智得以发挥，如果求全责备，势必会将其埋没，从而影响组织效率。

舍命相交——羊角哀和左伯桃

春秋时代燕国人羊角哀和左伯桃友情为人称赞。这两人都品德高尚并且很有才能。

春秋时期,周王室衰微,诸侯之间为了争夺土地,频繁地发动战争。羊角哀和左伯桃有感于连年战乱,民不聊生。他们结为挚友,决心找机会施展自己的才干,解救老百姓于水火之中。

为了心中的理想和志向,羊角哀和左伯桃相约一同到楚国去,因为他们听说楚庄王是个贤明的国君,就想到楚国寻找机会,实现自己的理想。

在去往楚国的路上遭遇暴风雪,陷于茫茫荒原。寒冷、饥饿中,左伯桃病倒了,患难时刻,羊角哀说:"要死就死在一块,我扶着你走!"

在皑皑雪原中,羊角哀搀扶着左伯桃一直走了两天,这时羊角哀也精疲力竭了,只得把左伯桃扶到一株两个合抱有余的空心树下,暂避风雪。

风狂雪猛,左伯桃气喘吁吁地说:"兄弟,这荒原千里,加之风雪无边,如果走不出,咱们俩都得长眠此地。与其两人冻饿而死,不如救活一个。"

羊角哀未等左伯桃说完,坚定地摇摇头说:"你放心,就算是背我也要把你背到楚国去。"

听到朋友决不放弃的话,左伯桃的目光在羊角哀的面容上流连,似乎要把这个朋友的样子牢牢记在心里,他无力地说:"你的心意我领了,救民于水火是我们俩共同的理想,不论这个理想是咱俩共同实现,还是我们其中一个人去实现,都算达到目的了,你说是不是呢?"

羊角哀望着左伯桃点点头:"当然!伯桃,你拿着咱俩剩下的粮食去楚国吧。"

左伯桃听后轻轻一笑,连连摇手,说:"你的本领比我强,而且你现在的身体也比我好,活着走出荒原的希望最大,所以应该你去楚国。"

两人在生的希望面前,真诚地相让,最后左伯桃说服了羊角哀。

当羊角哀接受左伯桃的托付,他面对病弱的朋友深深地鞠了一躬,含泪而去。羊角哀很幸运,他走出荒原到达楚国,见到楚庄王并道明情况后,立即带人返回荒原,却发现左伯桃已经冻死在空心树下。

羊角哀亲手埋葬了朋友的尸体,痛哭而别。

楚庄王知道左伯桃的事情后,大为震动,下令抚恤了左伯桃的妻儿,让这位有志之士无身后之忧。

于羊角哀而言,朋友左伯桃的理想和心愿就是自己一生的追求,他在楚国终于干出了一番事业。

每逢左伯桃的忌日,羊角哀总是朝左伯桃遇难荒原的方向深深一拜,心中默默祷告:"伯桃,我一定要实现咱俩共同的理想!"

鉴历史 得智慧

在生与死的考验面前,能做到像左伯桃那样舍命交付,是多么令人感动啊!在舍命交付后,能像羊角哀一样,不舍其志,不忘初心,把和朋友的共同理想与志向当成一生的使命,为朋友而活,也活成了朋友期待的样子,又何尝不令人感动呢?!

伯牙子期

春秋时代，社会礼崩乐坏，诸侯征战，于思想文化和艺术而言，却也孕育很多思想家和艺术家。伯牙和子期就是其中著名的两位，而这两位的知音故事又广为后世传颂。

伯牙是楚国郢都人，也是春秋时期著名的音乐家，以琴技高超而著名。据说他弹琴时，连水里的鱼都要跃出水面倾听，正吃草料的马也仰首而听。

伯牙在琴艺上的造诣来自其师成连的独特教学方法。伯牙年轻时曾跟成连学琴三年，技巧已经掌握得非常娴熟，后来成连把他带到了蓬莱山，他将听到的声音，看见的景物，融入自己的情怀之中，果然韵律与心神合而为一。伯牙因此悟得琴之妙趣，遂成为天下妙手。

后来，伯牙被周天子拜为司乐太师。为编修乐谱，他专程去楚地采风。

一路而来，伯牙尽观山水色。不日，船行至汉阳江口。当时正值八月十五日中秋之夜，然而天公不作美，突然乌云盖顶，狂风大作，将伯牙所乘的船颠得起伏摇晃泊于山崖之下。

过了一阵子，风恬浪静，云开雨收，伯牙见风住雨停，便站立船头，只见月儿初升，杜鹃啼鸣，更添几分幽静，不禁触动乐思，犯了琴瘾。

开囊取琴，一曲未终，忽听指下"嘣"的一声响，琴弦断了一根。

按当时的说法，只有遇到懂得音乐并理解弹琴人心境的人，琴弦才会崩断。

伯牙大惊：船停于山脚之下，只有草树，并无人家。若是城郭村庄，或有聪明好学之人，盗听吾琴，所以琴声忽变，有弦断之异。只是这荒山之下哪里会有听琴之人？于是，便令手下人下去仔细查看。

这时，崖上有人答道："舟里面的大人，您不必多疑。小人并非奸盗之流，只是个樵夫。因为打柴回来晚了，又赶上骤雨狂风，雨具不能遮蔽，潜身岩畔。恰逢您在此弹琴，被这绝妙的琴音吸引，少住听琴。"

伯牙借着月光仔细一看，那个人身旁放着一担干柴，果然是个打柴的人。于是就问道："你既然懂得琴声，那就请你说说看，我弹的是一首什么曲子？"

听了伯牙的问话，那樵夫笑着回答："先生，您刚才弹的是孔子赞叹弟子颜回的曲谱，只可惜，您弹到第四句的时候，琴弦断了。"

樵夫的回答一点不错，伯牙不禁大喜，忙邀请他上船来细谈。接着伯牙又为樵夫弹了几曲，请他辨识其中之意，二人谈论起各种音乐理论与知识。樵夫对伯牙的提问个个都对答如流而且还有自己的独到见解，伯牙很是佩服，有感相见恨晚，相谈之下，得知樵夫名钟子期。

伯牙当夜换好琴弦，为樵夫钟子期弹奏起来。伯牙弹琴志在高山，乐曲刚完，子期就赞叹说："太好了！多么巍峨的泰山啊！"伯牙弹琴志在流水，音乐一停，子期就赞美说："太好了，多么浩荡的江河啊！"伯牙抚琴，子期辨音，高山流水遇知音的典故正是来源于此。

伯牙兴奋极了，激动地说道："你真是我的知音啊！若不嫌弃的话，咱们以后就以兄弟相称，不负知音契友。"子期笑道："大人差矣！大人乃上国名公，小人乃穷乡贱子，怎敢攀附？"

伯牙回答道:"相识满天下,知心能几人?下官于碌碌风尘中得与高贤结契,实乃生平之第一幸事啊。"说完,便命童子添炉焚香,在船舱中与子期顶礼八拜。伯牙年长为兄,子期为弟。二人相携,谈兴正浓,不觉月淡星稀,东方发白。两人依依不舍,伯牙把子期送至船头,洒泪而别。

后来,钟子期不幸染病去世。临终前,他留下遗言,要把坟墓修在江边,到八月十五时,好听伯牙的琴声。

伯牙得知子期去世的消息,万分悲痛。他来到钟子期的坟前,凄楚地弹起了古曲《高山流水》。

弹罢,他挑断了琴弦,长叹一声,把心爱的瑶琴在青石上摔了个粉碎。他悲伤地说:"我唯一的知音已不在人世了,这琴还弹给谁听呢?"

伯牙、子期两位"知音"的友谊感动了后人,人们在他们相遇的地方,筑起了一座古琴台。直至今天,人们还常用"知音"来形容朋友之间的情谊。

鉴历史 得智慧

宋词里有一句叫"世上如侬有几人?"正是对知音难觅、知己难寻的喟叹。所以人们常说:"人生一世,得一知己足矣。"朋友可以有很多,但是真正可以称得上知己的又有几个呢?

人虽然有社会地位的高低之分,但真正的知音是可以跨越这些世俗的羁绊,只要彼此的心中存在着相互欣赏、相互认同,这些又算得了什么!

所谓知己,并不是指那些吃吃喝喝,玩玩乐乐的酒肉朋友。简单地说,知己应该是建立在更高的价值追求和学识基础之上的。

知己难求,唯有努力自修!当真才遇到实学,以真诚换真诚,友谊更容易长存。

桃园三结义

提起三国，我们常听说：看三国，掉眼泪。这眼泪大概为三国中那些豪杰人物的遗憾而流，也许更多的人是为刘、关、张桃园三结义的肝胆相照的情义而流吧。

东汉末年，黄巾起义，起义军非常勇敢，占领了好多地盘，天下大乱。把汉灵帝吓坏了，他赶紧下令，各地招募士兵，以消灭起义队伍。

当时幽州太守刘焉发榜召募义兵，告示传到了涿县这个地方，好多人围着看，其中有一个人长得非常特别。这个人身长七尺五寸，特别是他的两只耳朵挺显眼，都垂到肩膀上了，他的胳膊也很长，伸出手来都长到膝盖。他就是三国时期的一个重要人物，姓刘名备，字玄德。据说他是西汉皇帝的本家中山靖王刘胜的后代。不过传到他这一代的时候，家境已经很衰败，只能靠和母亲一起编卖草席、麻鞋过日子。

刘备看到告示，站在榜前，目光如炬，心中充满了对国家的忧虑。他深知天下大乱，百姓流离失所，而自己身为汉室宗亲，又怎能袖手旁观？这时的刘备已经二十八岁，正值壮年，他长叹一声，这一声叹息中又充满了无奈与坚定。

就在这时，有人大声问道："大丈夫不与国家出力，何故长叹？"刘备回头望去，只见一位壮士立在面前，那人身高足有八尺，豹头环眼，燕颔虎须，声若巨雷，势如奔马。

刘备心中一动，不禁感叹："真是个威猛人物！"他断定此人定非凡俗，于是主动上前询问姓名。八尺汉子爽朗答道："吾姓张名飞，字翼德，世居涿郡，颇有庄田，卖酒屠猪，专好结交天下豪杰。"刘备听闻之后大喜过望，知道张飞与自己是志同道合的人。

原来张飞这个人虽然性情急躁，但为人直率，有什么就说什么。他有一身武艺，好见义勇为。

刘备先说了自己的姓名，又接着说："现在黄巾造反，我也想为国家出力，可我一个人没有力量，所以才叹气呀。"

张飞一听就说："是这么回事呀，这好办，我家有钱财，又有耕田，咱们一起干，你看怎么样？"

刘备一听很高兴，两个人就到村里的酒馆去喝酒了。两人把酒言欢，谈兴正起，忽见一位大汉推着车子进店。但见他身高九尺，髯长二尺，面如重枣，唇若涂脂，丹凤眼，卧蚕眉，相貌堂堂，威风凛凛。红脸膛大汉放下车子，进酒馆就喊："快拿酒来，我要赶着去投军呢。"

刘备只一眼便看出此人非同一般，听他要当兵投军，又见他年纪不大，却留着二尺多长的胡子，风一吹，就飘起来，走起路来非常威风。刘备一看就很喜欢，便喊他过来一起喝酒，问他姓名。

红脸大汉答道："吾姓关名羽，字长生，后改云长，河东解良人氏。因为杀了罪恶多端的乡绅，逃难江湖已经五六年了。听闻此处招军破贼，特来应募投军。"刘备闻言后心中更加欢喜，知道关羽亦是心怀天下之人。

刘备、关羽、张飞一边喝酒，一边聊天，越说越投机，越说越亲热，张飞说："我家后院有个桃园，现在正是桃花盛开的时候，干脆咱们三个到桃园祭拜天地，结为兄弟，一起干一番事业吧。"

第二天，三人齐聚桃园，点上香火，一块跪在地上说："我们三个人虽然不是同姓，但是我们三个愿意结为兄弟，一块为国家出力，一块为老百姓做好事，不求同年同月同日生，只愿同年同月同日死。皇天在上，厚土在下，为我作证。背义忘恩，天人共戮！"

发完誓后，三个人按照年龄排列次序，刘备年纪最长，是大哥，关羽排在老二，张飞最小，是三弟。祭拜完天地，张飞又是杀猪，又是宰牛，摆上好多酒，把乡亲们都请来喝酒庆贺。

当时有好几百名年轻力壮的小伙子愿意跟他们一块干，一块去投军。经过一段时间操练，刘备他们就带着召集起来的五百多名小伙子投军去了。

自此，桃园三结义的故事传扬开来，成为历史上一段不朽的佳话。

鉴历史 得智慧

俗话说："一个篱笆一个桩，一个好汉三个帮。"人生最得意处，莫过于志同道合者携手干事业，一同奔前程。

刘关张桃园三结义时，刘备虽是汉朝宗室后裔，却一贫如洗，以卖草席、麻鞋为生；张飞不过是个杀猪卖肉的屠夫，安享晚年也不过是芸芸草芥；关羽更不用说了，命案在身，做了天涯亡命之徒。

然而，黄巾大乱，国家危在旦夕，他们白手起家，开拓事业。就像当初他们桃园三结义的时候也只是想着大丈夫当做一番事业，谁知若干年后，他们三人竟缔造一个帝国，开创一方天下，与曹操、孙权三分天下，成为与之齐名的枭雄人物，这恐怕是当时的刘、关、张也没有想到的吧。

志同道合的祖逖、刘琨

西晋末期，政治黑暗，豪强纵横，社会矛盾急剧加深，人民生活在水深火热之中。就在这乱世之中，有一对人物的出现，他们志同道合，志在报效国家。他们的友谊与奋斗精神如同照亮西晋历史黑暗面一束光，在西晋的历史上写下了浓墨重彩的一笔。他们就是祖逖与刘琨。

祖逖的家族在北方是大族，他从小父亲早逝，没人管教，没怎么读书，但祖逖有着良好家教熏陶。他为人正直，性格豁达豪爽，仗义疏财，经常救贫济困，让宗亲器重，后来喜欢行侠仗义，到处游历。可能在外游历见得多了，虚心学习的意识也强了，祖逖开始用功读书、手不释卷，别人称赞他为"逖有赞世才具"。

刘琨的出身地位不比祖逖差，刘琨是西汉中山靖王刘胜的后人，他的祖父和父亲都任高官，交友皆是极具才华与权势之人。

当时他们这些文人士大夫们在一起吟诗作对，附庸风雅。刘琨受不了这些人的谄媚，就离开了这个小团体。

以祖逖和刘琨的家世，在那个世族政治时代，凭着世家大族的地位就能谋个一官半职，但是他们对这种来历的官职亦是瞧不起的，他们想着用自己的奋斗去建功立业。

祖逖立志发奋读书，报效国家。在拒绝了孝廉、秀才的征辟后，祖逖选择了司州主簿一职，在司隶校尉傅咸手下做事，树立起了北伐复国之志。

在担任主簿的时候，祖逖遇到了一生的挚友——刘琨，刘琨来此正是担任与祖逖一样的司州主簿一职。虽然刘琨的出身地位高于祖逖，又多少受到洛阳繁华奢靡之风影响，但意外的是两人聊得很投机，甚至共同立下收复中原之志。

白天他们一起在衙门里供职，晚上一起讨论如何拯救黎民百姓于水火的国家大计。

当时，西晋皇族内部纷争不断，各少数民族首领乘机起兵作乱，国家安全受到严重威胁。看到西晋王朝面临的内忧外患，祖逖和刘琨很焦虑。

有一天半夜，睡眠中的祖逖被远处传来的鸡叫声惊醒，便把刘琨踢醒，说："你听到鸡叫声了吗？"

迷糊中刘琨立即清醒，他侧耳细听了一会果然听到鸡叫。于是对祖逖说道："是啊，是鸡在啼叫。不过，半夜的鸡叫声可不吉利啊！"

祖逖听过一边起身，一面反对说："这不是不吉利的声音，这鸡是在提醒我们早点儿起床，我们不如以后听到鸡叫就起床练剑，你看怎么样？"对祖逖的提议，刘琨欣然同意，于是便也跟着穿衣起床。

两人来到院子里，在皎洁月光中，各自拔出剑来对舞。直到曙光初露，他们才汗流涔涔地收剑回房。

成语"闻鸡起舞"的故事可谓是家喻户晓，说的是祖逖与刘琨这对好友，在半夜一听到鸡鸣，就披衣起床，刻苦拔剑练武。

功夫不负有心人，经过长期的刻苦学习和训练，他们终于成为能文能武的全才。后来，祖逖被封为镇西将军，收复黄河以南大片领土，实现了他报效国家的愿望；刘琨做了征北中郎将，兼管并、冀、幽三州的军事，也充分发挥了他的文才武略。

鉴历史 得智慧

当然，在那个豺狼横行的年月，刘琨和祖逖也许还有着更多的故事，也许他们还经历过更多，不过在1700年后的今天，我们这些现代人也仅仅能从稀缺的史料中搜寻品味甚至幻想他们曾经经历过的刀枪剑雨了。在那个北方人民沦落异族魔爪，时刻朝不保夕的年月，他们就是北方汉人的两面旗帜，他们某种程度上寄托了北方人民对故国王师的思念，他们是当之无愧的民族英雄！

惠施和庄子的友谊

东周之后，中国历史进入了一个思想文化极为灿烂时期，那就是春秋战国。庄子就是战国时代的一位著名的思想家、哲学家、文学家。

仿佛是为了让这些开宗立派的大家不那么孤单寂寞，在他们的生平时代，总能遇见一二知己，以慰他们原本就不平凡的人生。庄子和惠施的友谊就是这样在时代的画卷中徐徐展开。

惠施为何许人也，竟和一代文哲大师庄子成为莫逆之交？

其实，惠施也是一代大师，人称"惠子"，是"百家争鸣"时期名家学派的创始人和代表人物，与庄子是同乡，都是宋国（今河南）人。

在庄子和惠施一生交往中，有很多经典名场面。

比如《庄子》中就记载了"惠子相梁"的故事。惠施当时在魏国做国相，庄子从宋国前往魏国看望他。这时，有人就对惠施说："庄子到魏国来，看你是幌子，恐怕是想取代你做国相。"惠施爱富贵利禄，听到有人这么说，心里也挺焦虑，怕庄子真的取代他。但庄子见到惠施后，当即表明相位利禄于自己而言如腐鼠，换句话说庄子对做官不感兴趣，认为那样的生活汲汲营营，如同争抢腐肉的老鼠。这番话让惠施解除了顾虑，从此他们的友谊恢复如初。

庄子向往尘俗之外的生活，惠施醉心于功名富贵，两个人的人生理想与追求并不相同，但这并不妨碍他们的友谊。

惠施曾见庄子"鼓盆而歌"。庄子的妻子因病而死，惠施前去吊唁。

当他来到庄子的家中,只见庄子正盘腿坐在地上,敲着盆子唱歌。

见到这番情景,惠施感到庄子不近人情,于是责问道:"你的妻子为你生儿育女,辛苦持家,现在年老身死,你不哭她也就罢了,还鼓盆而歌,你还有人性吗?"

面对老友责问,庄子说:"你这话不太恰当。当她刚刚死去,离我而去的时候,我何尝没有感触呢?可是仔细一想,她生而为人来到世间之前,本没有生命,没有光影下可看见、可伸手触摸的形体;更没有无形的气息。在恍惚的有无之间,才生出变化而有气,气再变而有形,形再变而有生命,现在这生命又变化到死亡,这就像春夏秋冬四季的交替更迭运行一样,全是顺着自然变化的规律在变化。现在她已安寝于天地之间,回归那变化的本来,而我却呜呜地去哭她。思前想后,我才发现自己仍是凡夫俗子,不明生死之理,不通自然变化之道。如此想来,也就不感到悲伤了。"

这个典故中惠施的观点从人情、世故的角度出发,认为庄子丧妻应哀痛,这才符合人性。而此时的庄子看待生死是从一种超脱尘世的高维度视角出发,于生命、生死的真相已完全了达。

庄子与惠施,一位是道家的一代宗师,一位是名家的大腕人物;一位穷困潦倒一生,一位贵为相国生活优渥;一位视名利如敝屣,一位却汲汲于富贵功名;一位喜欢深居简出,一位则不甘寂寞。两人的出身、个性与学术观念如此的不同,却偏偏结交成了朋友。

庄子在晚年的时候竟有30多年不愿开口讲话,而且他不开口讲话是因为一个人,就是惠施。对此,《说苑·说丛》记载:"惠子卒而庄深瞑不言,见世莫可与语也。"

惠施去世,庄子亲自送葬,并对着惠子的墓,向随行的人曾讲一个意味深长的故事。

楚国有个人在鼻尖上涂抹了薄如蝇蚊翼般的石灰,让石匠把石灰削掉。只见石匠毫不犹豫,直接挥动斧子向鼻尖削去,见证奇迹的时刻到了:只见那人鼻尖上的石灰被削得一干二净而鼻不伤,被削的那人镇定自若,纹丝不动。

宋元王听说这件奇闻后,想让这位石匠也来表演一下。石匠说:"我虽说能做这件事,但我的对手早已死了!"

庄子讲这个故事就是告诉人们:自从惠施去世,他再也找不到配合默契的对手、能和他辩论的知音了。因此无人"可与语也",自己也只能"深瞑不言"。

庄子与惠施两人可谓一见面就辩,追根求源,各抒己见。庄子喜欢举例子、讲故事,重感性和情感的表达;惠施则擅长抓住逻辑的漏洞,重逻辑性和理性。

也许,正是庄、惠的争辩,使庄子完善了自己的思想,建构了道家学说体系。

然而,于庄子而言,于他们此生的辩才而言,惠施毕竟先庄子而去,庄子注定要一个人去逍遥游,在喧嚣的世界里忍受着寂寥,只有与天地精神相呼应往来。

鉴历史 得智慧

庄子与惠施的友谊可以说不是来源于思想的共鸣、人格的砥砺,而是一种棋逢对手的快慰,也许正是这种快慰激发了他们生命的潜能,于人类思想文化史上,留下了名垂千古的不朽篇章。人生若是没有钟子期、伯牙那样情投意合的知音,有如庄子与惠施这样惺惺相惜的辩友,亦是足矣!

元白之交

唐朝是一个文化灿烂的时代,涌现了以李白、杜甫、白居易等为代表的著名诗人,而诗人文人间的友谊同样为这个灿烂的时代增添了美好。元稹和白居易"死生契阔者三十载"的金石般的友谊就是其中之一。

从一见如故到阴阳两隔,他们的友情从未间断,无论同朝为官还是相隔千里;无论得意还是失意,二人浓浓的情意都见诸诗文,流淌于笔端。

元白有着死生相依般的感情,羡煞时人,魂断千年,穿越时空,化为一段历史佳话,亦感动后人。

人生经历上,元稹和白居易都有着相似的悲惨童年;宦海生涯中,他们有着相似的治国理想;诗歌创作上,亦有着近似的创作主张;日常生活中,还有着同气连枝的默契。

在贞元十九年(803)的吏部考试中,元稹和白居易结识,二人都有着辛酸的童年,又都喜欢杜甫的诗,都有高远的抱负,这让彼此似乎看到了世界上的另一个自己,因此他们很快就结为好友。

"今俟罪浔阳,除盥栉食寝外无余事,因览足下去通州日所留新旧文二十六轴,开卷得意,忽如会面,心所畜者,便欲快言,往往自疑,不知相去万里也。"(《与元九书》)

元和十年(815),当时已经43岁的白居易遭遇官场滑铁卢,被贬谪到江州任司马,这是一个有职而无权的小官。

白居易的内心对权贵圈层充满愤慨，在忧伤之际，他收到了时任通州司马的好友元稹寄来的《叙诗寄乐天书》，白居易感动不已，于是写下这封感情真挚的《与元九书》，告诉元稹，自己苦闷寂寥时，就翻看你元九留下的文章，每次打开都觉得有收获，像见到你本人一样，使心灵得到慰藉。

白居易还在《与元九书》中写道："小通则以诗相戒，小穷则以诗相勉，索居则以诗相慰，同处则以诗相娱。"

意思是对我们两人来说，写诗已经成为生命的一种需要。在仕途顺利时可以以诗告诫对方戒骄戒躁，遇到困难时便用诗歌互相鼓励，如果一个人居住孤独时则用诗歌去安慰对方，如果两人在一起时则一起作诗娱乐。

白居易和元稹一同在朝为官，二人惺惺相惜，意气相投，结为莫逆。在当时，没有网络和电话，这两位文人就用当时最流行也是他们最拿手的方式保持联络：写诗唱和。

据统计，在白居易和元稹二十多年的交往中，互相唱和的诗高达九百多首，还出了十六卷合集，远远超过他们给家人写诗的总和，创造了一个二人唱和的世界纪录。他们写诗唱和往往有一种心灵相通的默契。

元和四年（809）三月，时任监察御史的元稹出使东川，到达梁州的当晚即梦见白居易，遂写《梁州梦》：梦君同绕曲江头，也向慈恩院院游。亭吏呼人排去马，忽惊身在古梁州。

元稹还题下自注：是夜宿汉川驿，梦与杓直（李建）、乐天（白居易）同游曲江，兼入慈恩寺诸院，倏然而寤，则递乘及阶，邮使已传呼报晓矣。

而就在同一天，身处长安的白居易竟然真的携李建同游曲江，他喝酒时想起元稹，估摸他应该到走到梁州了，于是当天也写下怀念元稹的一首诗作《同李十一醉忆元九》：花时同醉破春愁，醉折花枝作酒筹。忽忆故人天际去，计程今日到梁州。

地隔千里，二人却有一种心心相印、魂梦相随的挚情，真是有些不可思议。正是这种挚情，在唐诗史上搬演了一出千里神交的动人剧目。

唐文宗太和五年（831），元稹去世，痛失知音挚友，白居易悲痛不已。多年后，一个漫天飞雪的夜晚，白居易梦见和元稹一同游玩的情景，二人忽近忽远，梦醒时分，白居易泪流满面，提笔写下《梦微之》：夜来携手梦同游，晨起盈巾泪莫收。漳浦老身三度病，咸阳宿草八回秋。君埋泉下泥销骨，我寄人间雪满头。阿卫韩郎相次去，夜台茫昧得知不。

在这首诗中，白居易把元稹当成听众，说夜里我梦见和你同游的场景，但醒来才知道不过是空欢喜一场。春去秋来几度过啊，你在泉之下可还好？留下我这个糟老头还在人世间打发时间，不过是白发渐渐覆满头上而已。你的小儿子和女婿都相继故去了，不知道你在那边儿得着信了没有，有没有见到他们？

好一句我寄人间雪满头！知音挚友已故，徒留自己在人间，生亦何欢，死亦何惧？不过是换个地方再相聚而已。在生死相隔的世界，是死生契阔者三十载金石之宜，是穿越生死与时间阻隔的秘密，是元白相交的真谛所在。

鉴历史 得智慧

好朋友是互相成就的，元稹和白居易各自在文学上的成就与对方是密不可分的。没有元稹提供的借鉴和基础，白居易就不可能在文学上有这样大的影响和成就；同样没有白居易的帮助，元稹的作品也不可能有如此重要的文学地位。

阎敞、第五常交友交心

东汉时期，有一对好朋友，一个叫阎敞，另一个叫第五常。两人来往密切，交情深厚，即使面对万贯金钱的诱惑，也未改变这二人的友谊。特别是阎敞，为人端正，诚信无私，深得第五常敬佩。

有一年，第五常因为要到京城任职，路途遥远，且限日到京，行程匆忙，钱物携带很不方便，于是便想着把钱物寄存到阎敞家里。于是他特地到阎敞家做客，说到自己即将到京城任职，想把自己积蓄的130万贯钱寄存在他那儿，等安顿好了，再来取。

阎敞听说第五常想要寄存钱财，没有多想，就痛快地答应了，还说："你放心到任上去，这些积蓄我一定会为你妥善保管的，什么时候来取都成。"于是，第五常就把自己这130万贯钱送到阎敞家中，阎敞当面把钱封存起来。

临别的时候，阎敞还亲自去送第五常，送了一程又一程，很是不舍。第五常含泪再三劝他留步，两人这才依依惜别。临走前，第五常特地对阎敞交代说："兄长，我存于你处的那笔钱，如果兄长有所需用，尽管取出用就是了。"阎敞听后感动不已。

经过长途跋涉，第五常终于抵达京城，只是不久，京城突然暴发了瘟疫，第五常全家都不幸染上了疫病，先后死去，只留下他的一个小孙子。

在临终时，第五常拉着小孙子的手，断断续续地交代后事说："如果你能够……活下来，我们第五家……也算有棵苗……留在世间，这是……上天怜悯，也是……不怜悯。你年纪……还那么……小，将来……怎么……生活啊？我有……30万贯钱……寄存在……家乡你……阎敞爷爷的家中，你……可以取来……维持生计……"说完这番话，第五常就气绝身亡。

第五常去世后，他的小孙子牢牢记住了爷爷的嘱托，知道在家乡的阎敞爷爷家中他爷爷还寄存了30万贯钱。只是苦于小孙子年幼，路途有那么遥远，他当时根本无法取回这笔钱，只能靠着在京城的亲戚、朋友接济度日。

十几年过去了，第五常的小孙子已经长成了顶天立地的大小伙子了，他想起爷爷临终前的交代，这才准备回乡。为了安置家业，他想着去找阎敞爷爷，取回当年爷爷寄存在他家的那笔钱，但是心里又不太踏实。经过这么多年，爷爷都不在人世了，阎家还会承认吗？况且当年爷爷在寄存钱财时也没有和人家签订任何字据，空口无凭，人家会认他，会给他钱吗？

带着这些顾虑，第五常的孙子还是决定去拜见一下阎敞。他到达家乡立即就去拜见阎敞，当时阎敞正在书房看书，忽然听家人进来说，有一位年轻的公子来拜访。

阎敞到前厅一看，觉得这个年轻人面熟得很，有种似曾相识之感，只是一时间又想不起在什么地方见过。年轻人见了阎敞，说起自己的爷爷是第五常，阎敞这才知道原来年轻人是第五常的孙子。

听着年轻人述说第五常全家染上疫病的不幸，阎敞回想起过去和第五常的友情，百感交集，为朋友的不幸离世而悲伤不已，没想到十几年前的一程又一程的送别竟是永诀。

阎敞也牢记着朋友第五常当年在他这寄存钱财的嘱托，小伙子还没有开口提钱的事情，阎敞就说："你的生计暂时不要发愁，你爷爷当年在我这里存了130万贯钱，现在正好拿回去用吧。"

第五常的孙子一听，顿时愣住了，记着爷爷临终前的嘱托，说："爷爷临终前说过在您这里存了30万，不是130万啊！"于是，他就把爷爷临终前的话又说了一遍，问阎敞："您是不是记错了？没有那么多吧？"

阎敞忙说："没有错，没有错！孩子，我想着肯定是你爷爷在病重之时，头脑已不那么清醒了，把话说错了。"说着，忙到储藏室中把第五常存放的130万贯钱搬了出来，亲手交给第五常的孙子。

他接过这130万贯钱，眼含热泪，辞别而去。他想：这位阎敞爷爷不愧是我爷爷的好朋友。这真是钱财有数，诚信无价啊！

鉴历史 得智慧

交友交心，人贵在诚，真诚地对待朋友，应该讲信用，守诺言，言必信，行必果。第五常奉命去京城任职，之所以把130万贯钱交给阎敞保管，就是因为他相信阎敞这个朋友，知道他是个人品端正、诚信无私的人，而且后来发生的事情也证实了这一点。

现代社会，人们往往抱怨知心朋友太少，人与人之间多是冷漠而少热心。其实，要想交到真正的朋友，最重要的是自己要待人真诚，只有你真心地付出，才会赢得别人的真诚相待。

鸡黍之约

东汉时期,在山阳郡金乡有个人叫范式,他曾任荆州刺史、庐江太守等职。

范式小的时候,家里非常贫穷。好不容易有机会进入学堂上学,因为家贫,他只能穿着一身破旧的衣服,背着一个旧布包去上学。

有几个富家子弟见范式穿着破旧,就故意刁难他。一个同学还脚下使绊,将他绊倒在地上。这时,一个叫张劭的同学忙上前去,扶起了范式,他看不惯富家子弟欺负范式的做法。

在学堂被富家子弟嘲笑和欺负的经过,让范式感到很难过。放学后,他一个人跑到附近的树林去,衔着一片树叶,吹出悠扬而悲伤的曲子。这时,张劭又来到他身边,给他带来了快乐。张劭想学吹树叶,范式就不厌其烦地教他。正当两个人玩得开心时,学堂上的那几个富家子弟也来了,他们接着嘲笑范式破旧的衣服,还有几个人上前拉扯范式的破衣服,张劭顿时火冒三丈,把几个富家子弟挨个痛打了一顿。

挨了打的几个富家子弟心里非常不服气,就到老师那里恶人先告状,曲解事实。老师听信几个富家子弟的告状后,就罚张劭跪两炷香的时间。范式觉得张劭是为了给自己出气才被罚的,也跪在他旁边,陪着他一起受罚。有了共同受罚的经历,两个人成了无话不谈的好朋友。

一天,范式把张劭叫到小树林,郑重地向他告别。范式的家里已经无法支付他在学堂的学费了。张劭听说,为朋友惋惜而难过。他想出各种办法帮助范式,但范式都一一谢绝了。临别时,范式没有什么特别贵重的礼物送给张劭,就把自己一直吹的那片树叶送给了他。张劭则把自己的玉佩送给了范式,鼓励朋友不要轻言放弃。两个小伙伴约定:十年后的今天再在这个小树林见面。

时光倥偬,一晃十年过去了。范式凭着刻苦自学,进入官场已经当上了刺史。新官上任伊始,范式就遇上了当年欺负自己的富家子弟之一李廷——李廷本来想巴结这位新来的官员的,不想新官竟然是当年被自己欺负的同学,见到范式,他不免有些尴尬,但很快就恢复了常态,与范式称兄道弟,露出一副谄媚姿态,还送上了丰厚的礼物。对于李廷的示好,范式断然拒绝了,李廷只好灰溜溜地拿着礼物回去了。

想着范式寒门出身,对于自己这样富贵出身的下属一副瞧不上的态度,心里愤愤:"不就是一个小小的刺史吗,有什么了不起的?京城再大的官我都见过,给你送礼是看得起你,哼,咱们骑驴看唱本——走着瞧!"

夜晚,范式坐在桌边,抚摸着少年时的挚友张劭送给他的玉佩,喃喃自语:"就快到了我和张兄约好相见的日子了,这些年过去,不知道他这过得怎么样啊!"正想着,忽然听到大门外有人击鼓鸣冤。

原来击鼓鸣冤之人是一个老妇人,她的女儿在客栈被人杀害,"凶手"当场抓住。听完老妇人的陈情,范式命人把"凶手"带上公堂,令他万万没有想到,这个"凶手"不是别人,正是自己惦念了多年的好兄弟张劭。

其实,这起命案的被害者并不是张劭杀的,而是李廷害的。命案发生时,张劭刚好路过,于是被当成了替罪羊。可怜他一介书生,百口莫辩。

范式虽然觉察到这件命案事出蹊跷,但一时间也无法定案,只好先将张劭押入大牢，待了解外围情况后，改日再审问。

而命案的真凶李廷担心夜长梦多，真相败露，于是想出了一条毒计，要让张劭把黑锅背到底。他买通看押犯人的牢头，唆使他们故意以范式之名，对张劭施加酷刑。大刑之下，张劭被折磨得死去活来，对于施刑之人说应范式的命令信以为真，当下肝胆俱裂，心灰意冷。而此时的范式还被蒙在鼓里，不知道自己的好兄弟正经历人间酷刑和对自己兄弟情义所持信仰的坍塌。

一天夜里，范式换上便服前往监牢探视张劭，一见范式，张劭怒发冲冠，大骂他假仁假义，并发誓要与他恩断义绝。十年未见的张劭如此态度，让范式一头雾水，隐约感到事情有些不对劲，却又摸不着头脑，说不出来到底是哪里不对。

不过，范式还是下决心把这件事情查个水落石出。李廷担心范式彻查后自己是凶手的事实暴露，所以立即招来替身自首，还买通京城的大官，诬陷范式办案不力，渎职失守，将他贬为平民。直到一年以后，新任刺史重审此案，才将李廷缉拿归案，这已是后话。

范式被革职后，原本打算返回故乡。但他突然想起了十年之约，便欲前往。这时，老管家拦住了他，对他说："为张劭您丢了官，现在他又对您满腔愤恨，您去干什么呢？再说，张劭早就回家乡了，您又去会谁呢？"但是范式还是坚持前往。

来到童年的那片树林时已是傍晚时分，看着当年的小树已经长成参天大树，范式内心百感交集，他随手捡起一片树叶，放在嘴边吹了起来，悠扬而伤感的乐声如同十年前，那个下学后忧伤而孤独的少年，用树叶吹奏的乐声在树林里回荡。

天色已经渐渐地暗了，范式一直在树林中吹奏，却没有等到张劭，他心里很是难过。就在他放下树叶准备离开时，身后忽然传来悠扬的乐声——张勋正倚靠在一棵大树下，嘴里衔着一片枯黄的树叶在吹着……听着熟悉的旋律，那正是自己教会张勋的曲子。

虽然，范式与张勋之间因小人构陷，阴差阳错存在误会，但他们仍交以诚信，未忘却十年之约，最终二人之间的误会烟消云散。

鉴历史 得智慧

君子相交，重在义气，贵在诚信。范式与张勋之间应该就是这样的君子之交。他们交以义气，所以张勋能在范式受困之时出手相助，范式能为朋友的清白而不顾自己的前程。

朋友之间要讲诚信，这是建立在双方相互信任的基础上的。但是要真正了解一个人，并不是一朝一夕就能实现的。你需要多方观察，仔细考虑再作决定。

韩愈与贾岛结为布衣之交

在盛世大唐的灿烂文化照耀下，文人墨客的生活趣事往往为后人所乐道，大文学家韩愈和诗人贾岛的布衣之交就是文人相交的典范。

韩愈和贾岛都是中唐时期的文人。贾岛是著名诗人，虽然出身寒微，但自幼好学，酷爱文章诗赋。那时候，寒门学子的出路就是参加科举考试，可是他多次参加科考，却年年失败。

连年失败对贾岛的打击非常大，他难掩心中失落，又因为囊中羞涩，于是就落发出家为僧，号无本，居洛阳寺院。

当时，官府对僧侣的管理还有诸多限制，例如不许僧人在午后出寺，贾岛对于这条禁令感到不解，觉得没有人身自由，非常苦恼，就写下了："不如牛与羊，犹得日暮归。"

贾岛作诗的过程一向以苦吟著称，他作诗时字斟句酌，往往非常有新意，但是这个创作风格却在很长时间内不被人了解与欣赏。对此，他伤心至极，感慨地说："两句三年得，一吟双泪流。知音如不赏，归卧故山秋。"满身才华却难遇知音的心情，在这首诗中展现得可谓淋漓尽致。

贾岛并未因此放弃他苦吟的作诗习惯，有一次，贾岛骑驴走访李凝幽居，得两句诗"鸟宿池边树，僧推月下门"。但是对那一个"推"字始终不甚满意，总感觉欠缺点什么，可一时又找不出一个更好的字眼。于是，反复吟诵之时，忽然灵思一闪，立即想到一个字——"敲"，他觉得不错，却又难以决断，于是骑驴缓行，边走边想，神游物外，还用手反复比画着推敲的动作。

正在这时，一阵阵马叫声在他的耳朵边响起，沉浸在推敲之中的贾岛才发现他撞了一位达官的车驾。

正是这推敲一撞，贾岛撞出了自己的知音挚友。这位车驾被撞的官员就是大文学家韩愈。韩愈的左右侍从将贾岛推到韩愈的车前。按照唐朝时律例，冲撞官员车驾仪仗是犯法行为，依律当斩。贾岛心中惶恐，如果不陈明原因，恐怕性命不保，只得向韩愈解释了冲撞马车的原因。韩愈听后，觉得有人作诗如此痴迷，不仅不怪他，反而非常欣赏这位僧人做诗的执着。于是，韩愈就停下车来，和贾岛一起比较"推、敲"二字。韩愈不愧是唐宋八大家之一，他认为"敲"字最佳，最终贾岛采纳了韩愈的建议，便以"敲"字入诗。这件事就是"推敲"一词的由来。

由推敲一事，韩愈发现了贾岛的才华，大有相见恨晚之意。他还邀请贾岛和自己同住，一块讨论作诗的方法，由此韩愈就与贾岛结为布衣之交。

韩愈能理解贾岛"无端更渡桑干水，却望并州是故乡"的苍凉情感，也欣赏"秋风生渭水，落叶满长安"的意境。他认为，贾岛的诗作风格与孟郊相近，并且为之作诗："天恐文章浑断绝，更生贾岛著人间。"由此可见，他对贾岛文采的推崇之情。也正是韩愈的推崇使得贾岛声名大振，当时的文人更是把他与孟郊相提并论，称"郊寒岛瘦"。

贾岛的坎坷遭遇也使韩愈非常同情，更不愿让他埋没在僧侣之中，此生与青灯古佛为伴，就亲自对贾岛"授之以文法"，使他"去浮屠，举进士"，恢复了正常的世俗社会生活。后来贾岛当过长江县的主簿，号"贾长江"，留下了一批独具特色的诗作，于文坛留名后世。

鉴历史 得智慧

对于社会、组织及至学术探究来讲，人才培养是需要适当的教育和鼓励的。在当时，如果没有韩愈的扶植，贾岛可能会永无出头之日，一生与佛门结缘。

贾岛的际遇，也告诉我们，当有才之人在贫困潦倒时，适当地扶一把，送一程是必要的。"贵人"的帮助和教育，在一个人的成长过程中是多么可贵和必要。

张仪与苏秦

张仪是苏秦的好朋友，他们是同学，都是鬼谷子的学生。苏秦和张仪，在战国时期有多大的影响力呢？孟子的弟子景春说起张仪时，评价说："公孙衍和张仪，难道不是大丈夫吗？他们一生气，诸侯就会忧惧，而当他们坐在家中，天下便平安无事。"对于苏秦，《战国策》也有很高的评价，说苏秦在赵国为相时，抑制住了强秦，使得秦国不敢从函谷关出来，且不费一兵一卒，就让各个诸侯国亲如兄弟。

在战国历史的舞台上，张仪和苏秦又是怎样的因缘际会走到一起的呢？

张仪这个人年轻时便展现出出众的才华，但时运不济，因此生活贫困潦倒。他听说自己的同学苏秦在赵国做了相国，就想去投奔他，让他给自己举荐一下，谋个出路。

这时，张仪遇到了一个叫贾舍人的赵国客商，就把自己想找苏秦谋出路的想法跟贾舍人说了，贾舍人觉得可行，于自己日后也有利，便答应愿意资助他去赵国。

到了赵国后，贾舍人先把张仪安顿在一家客栈后，就去忙他的生意了。第二天，张仪早早起来，收拾完毕就去求见苏秦。远远地，就能望到苏秦的府邸辉煌气派，不禁感叹同为鬼谷子的学生，自己现在混得如此潦倒。

张仪一边感叹一边往里走，到大门口却被拦住了，门房问他找谁？

第二章 千金易得，知己难求

张仪连忙说明了自己的来意。由于他是陌生人，又没说清楚找苏秦具体所为何事，按照相府的规矩，门房是绝对不能放他进去的。

看门的人不予通报，也不予放行，张仪没办法，只好先回客栈再做打算。如是往复，张仪始终没能见到苏秦。贾舍人给他的钱也用完了，衣服也穿破了，由于实在没钱住店了，他就被店家赶了出来。苏秦又不接见他，自己也没钱回魏国了，此时的张仪只好流落赵国街头。当乞丐的滋味真不好受，早知如此境地，他是悔不当初啊。正在他嗟叹时运不济时，又接到了一个消息，苏相国第二天接见他。

第二天，他又是早早到达相府，只是苏秦正高高在上地和人谈话，眼皮都没撩一下，根本不予理会。张仪在无比的煎熬中，终于等来苏秦的搭理。只听他慢条斯理地说道："当日师门一别，有好些年不见了，老朋友，你还好吧？"不等张仪回应，他兀自招呼左右给张仪准备饭菜。

这时，苏秦又说："老朋友，时候也不早了，我接下来还有事，你吃过饭就回去吧。"说完就到堂上自己吃起饭来。

张仪看着苏秦吃的是山珍海味，给自己的却是粗茶淡饭，一肚子怨气，就气呼呼地说："季子（苏秦的字），我登门造访，原以为你没忘记老朋友，这才跑来看你，没想到苏相国今日如此势利、无情无义。"苏秦听罢，淡淡一笑，说："张仪，在师门通道学艺时，我们都知道你的才干比我强出许多，都以为你会比我先出人头地，没想到你竟穷困到这种地步。其实，以我今日的地位而言，把你推荐给赵侯，让你得到富贵，并非难事。只是，今时今日，你所遭受的际遇，只怕让你已经没有了当年的少年志气，做不了什么大事，反倒连累了我。"

张仪听到苏秦如此揣测，气得鼻眼冒烟，说："好男儿志在四方，大丈夫要富贵，得靠自个奋斗，谁非让你推荐了！"苏秦冷笑说："如此甚好,你也不必非来找我。看在同门学艺的情分上,我赠你一锭金子,你自找方便吧。"张仪一听,苏秦如此待他,后悔为何当初要投奔于他,气得扔下金子,头也不回地出了相府。

走到大街上,他是又气又饿,但是大丈夫一言既出,驷马难追,他是决计不能重回相府去求苏秦可怜。于是,决定到秦国去干出样子让苏秦看看。

正在这时,贾舍人这位救星赶来了,不仅请张仪吃了饭,还为他做了一套新衣服,赶着马车把他送到秦国,并拿出钱来为他在朝廷铺路打通人脉。

张仪也不负所望,他本身就颇具才华,兼之又有贾舍人慷慨资助打通人脉,很快便受到秦王的接见,并被委为客卿。贾舍人陪着张仪在秦国也待了很长时间,看到张仪成功进入秦国官场,就来和他辞行。

有感于贾舍人的多番相助,张仪流着眼泪感激地说:"你真是我的知己,要不是你慷慨地帮助我,我张仪还不知流浪在哪儿。"贾舍人却笑着说:"张仪啊,其实你的知己不是我,而是苏相国。"

张仪不解贾舍人何出此言,明明自己几番困窘都是贾舍人慷慨解囊,与苏相国何干?贾舍人这才道出实情:"我并非商贾,乃是苏相国的门客。其实,你所经历的这一切都是苏相国安排的。他怕秦国出兵攻打赵国,破坏了他的计划。就想着借助一个亲信而有才华的人取得秦王赏识,能够执掌秦国大权,他认为这个人选,普天之下,非你莫属,就让我扮作客商把你引到赵国,但又担心你难免人穷志短,得个一官半职就满足了,特地用了个激将法,故意激你生气立志争气,你果然不负所望,终于进入秦国官场核心。现在,我的任务完成,该回去复命了。"

张仪听完这位贾姓门客道出实情,恍然大悟,感叹苏秦的良苦用心。

鉴历史 得智慧

古人云："志不立者事无成。"张仪本有经纶满腹，可是，因无机遇终是一无所成，贫困潦倒，苏秦担心张仪安于现状，所以对张仪用了激将法，使他立志奋进，才最终得以任秦国客卿，可见立志对一个人成功的重要性。

作为领导者，不仅要认清下属的才能，还要激发其志气，才能最大限度发挥其才能。帮助下属确立自己的志向，才能调动下属的积极性，利于工作的完成。

因此，在与人相交，或是作为上位者识人用人时，要善于引导人才，使其志高意远，树立崇高的理想，这是一个领导者对下属乃至全体工作人员进行教育的重要内容和责任所在。

第三章

路虽远，行必达

左宗棠收复伊犁——决不动摇

清朝末年,帝国主义列强觊觎我国领土广袤,自然资源丰富,开启了疯狂的瓜分之路。

当时清朝的有识之士,为国家领土完整殚精竭虑,左宗棠就是其中一位。

1865年,沙俄扶植的浩罕汗国军官阿古柏,屡次侵入我国领土新疆,占领了许多城市。1871年,沙俄又侵占新疆伊犁。

于是,慈禧在皇宫召见了大学士文祥和钦差大臣兼陕甘总督左宗棠。左宗棠常年驻守陕甘一带,此次进京主要是为了商议收复新疆一事。

经过一番激烈的讨论,收复新疆议案在朝臣中遭到李鸿章的极力反对,然而在文祥和翁同龢的支持下,慈禧太后最终答应了左宗棠的请求,任命他为钦差大臣,督办新疆军务。

左宗棠日夜兼程赶回兰州城后,立即进行军事部署,他招来自己最得力的助手刘锦堂和金顺,商议方略。几个月后,在新疆各族人民的支持下,左宗棠大军初战告捷。当时的情势,在清军收复新疆的战斗取得胜利后,左宗棠面临的主要任务是收复被沙俄侵占的伊犁地区。

这时,以李鸿章为首的主和派却出来拉后腿,他们极力主张见好就收、立刻停战,以示诚意。还有一个对左宗棠不利的情况是一向支持他的文祥也已经去世了。缺少了支持者在朝堂中为他呼应,左宗棠受到的压力更大了，这时他已是陷入了孤立无援的境地。但是，他并没有退缩，而是一次一次不断地上书慈禧太后，要求扩大战果，直到收复全部失地为止。他的上书言辞恳切，誓与伊犁、新疆共存亡，绝不做辱国求荣之流。

终于，朝廷为左宗棠的一片赤诚之心感动，令其即日西进，务必擒住来犯者阿古柏……但是，几个月过去了，新疆前线却一直杳无音信。于是，李鸿章等主和派又开始嘀咕，认为左宗棠是廉颇老矣，年迈无用，靠他指挥战事，只怕不仅收复新疆无望，还会让朝廷损失的大批军饷。

就在朝堂上下疑惑之时，新疆前线左宗棠的捷报终于传来：清军大败阿古柏，此贼走投无路，已自杀身亡！这捷报让之前还在嘀咕的李鸿章哑口无言了。

大败阿古柏之后，左宗棠的助手刘锦堂和金顺主张乘胜追击，但是左宗棠全面考量过后，没有同意两人的建议。不乘胜追击，并非左宗棠惧怕俄国人，而是他想休整军队、调整策略。

于是，新疆战事便告一段落。左宗棠随即向朝廷上奏，要求在新疆设立行省，并与俄国协议归还伊犁地区。慈禧太后召集群臣商议左宗棠上书之事，朝臣们一致同意，但派谁去同俄国人谈判又成为了争论的话题。翁同龢提议由曾国藩的儿子曾纪泽带队谈判，但是李鸿章却极力推荐崇厚，双方争论不休。最后，李鸿章得胜，慈禧太后决定派崇厚出使俄国。

左宗棠得知这个消息，惊愕又愤怒，不禁拍案而起："崇厚的脑子里都是猪油，十足一个糊涂虫！派此人前去何谈，这不是存心向俄国人示弱吗？"刘锦堂劝慰道："不管谁出使和谈，总不至于让俄国占了便宜。"但是，事与愿违，偏偏崇厚签下了丧权辱国的条约。

1879年，清朝派遣崇厚作为特使前往沙俄首都圣彼得堡谈判伊犁地区问题。经过艰难的谈判，最终清朝与沙俄签订了条约，成功收复了伊犁城。然而，这个胜利是有代价的，清朝需要割让伊犁西境霍尔果斯河以西、伊犁南境特克斯河流域和塔尔巴哈台地区包括斋桑湖地区，这些地区总面积近10万平方千米。

左宗棠打了胜仗，清廷却还要割地赔款，世上之事简直岂有此理。文武百官们义愤填膺，纷纷上奏朝廷。慈禧太后见势头不妙，迫于朝臣的压力，大骂李鸿章糊涂，下令逮捕崇厚，并责成曾纪泽率领官员前往俄国重新谈判。

曾纪泽临行前，左宗棠亲自为他饯行，并郑重嘱咐说："此次收复伊犁全靠你我二人之力。万世功业，成功与否，在此一举。你只管放心赴俄，西北军务，包在我身上！"曾纪泽郑重地点点头，记住了他的嘱托。

送走了曾纪泽，左宗棠回到肃州城后，当即吩咐手下为自己买了一口棺材，并神情严肃地说："为国为民，当把生死置之度外，此次出关，生死未卜，带上这口棺材，不收回伊犁，誓不生还肃州！"众将士都深受震撼。

随后，左宗棠便命亲兵抬着棺材，自己率领着大军浩浩荡荡地向伊犁进发。左宗棠此刻的筹谋和军事部署，为曾纪泽赴俄谈判打下了坚实的军事基础。

俄国人听说左宗棠屯兵关外，已经准备了两个月，更加不敢轻举妄动。最后，这次谈判以双方签订《中俄伊犁条约》，中方收复伊犁地区而告终。

鉴历史 得智慧

左宗棠成功收复了伊犁，这个过程中也显示出了清朝在对外交涉中的被动和妥协。但是因左宗棠的决心与坚持，他收复新疆的行动有力地维护了中国的领土主权完整。

总之，左宗棠决心收复伊犁的行动启示我们要有坚定的爱国主义情怀、勇于担当的精神、坚定的信念和决心以及深思熟虑的战略眼光。这些品质和精神不仅对我们个人成长具有重要意义，也对国家和社会的发展具有积极的推动作用。

张骞不屈不挠,开创丝绸之路

如果说一条路能从两千多年前一直走到现在,那么这条路无疑就是历史上著名的"丝绸之路"了。今天在全球被广泛提及寄予厚望的"一带一路"正是对历史上的"丝绸之路"的最崇高致意。和这条著名而伟大的"丝绸之路"齐名的便是它的开辟者——张骞。

张骞是西汉时期汉中城固人,他是一个具有超强的意志及坦荡胸怀的人,且善于待人处世。

公元前139年,汉武帝命张骞出使西域,而这次出使西域,张骞原本带着军事、外交目的,那就是寻找并联络曾被匈奴赶跑的大月氏,然后同其结为联盟合力攻击匈奴。

当时,张骞率领一百多人的队伍从长安出发,途经陇西再继续向西行进。队伍一路走来,经历的环境极其险恶,风吹雨打,日晒雨淋,毒蛇猛兽,还遭遇到了其他种种意想不到的困难险阻。

但这些都没有动摇过张骞的意志,他始终信心坚定,不畏艰难,一心只想完成自己所肩负的任务。不幸的是,当他们行进到河西走廊一带时,被占据此地的匈奴人发现了,匈奴单于得知了张骞此行的目的,自然不会轻易放过他们,而是将他们百余人全部关押起来。

匈奴将张骞的队伍分散看押起来,驱使他们每天放羊牧马,并且派人严加看管,就这样被看押的日子一过就是十几年。

为了消磨张骞的意志,使他放弃西汉王朝和汉武帝令他出使西域的目的,在这十几年里,匈奴人还让张骞娶了匈奴女子为妻,目的在于监视和诱他投降。但即使有了妻子和儿子,张骞还是始终保持着汉朝的特使礼节,十几年的时间也没能动摇他要完成任务的决心。

在牧马放羊的十几年间,张骞蛰伏在匈奴,但内心一直在等待时机,准备逃跑。看到张骞按部就班地过日子,加上十一年的时间过去了,匈奴人放松了对张骞的警惕和看管,以为张骞应该不会再有什么行动了。这对于张骞来说可是天赐良机,终于,被他找到机会带着贴身随从甘父逃离了匈奴。

离开了匈奴的地盘后,张骞并未返回汉朝,而是继续向西行进。由于逃离的机会非常难得,他们的决定在仓促之间,没来得及做任何准备,就连生存所需的干粮和饮用水都没有。

一路上他们常常忍饥挨饿,干渴难耐,随时都有倒下去的可能。好在甘父射得一手好箭,时常猎一些野味来果腹充饥,这才躲过了死亡的威胁。

向西奔波了好多天,他们终于越过沙漠戈壁,翻过冰冻雪封的葱岭,到达大宛国(今乌兹别克斯坦共和国境内)。

听闻张骞是汉朝使者,大宛王很高兴。他早就对汉朝的强盛和富饶有所耳闻,很想与之建立联系,如今听说汉朝使者到来,十分高兴,连忙设宴款待。在大宛王的帮助下,张骞辗转数地才找到了大月氏。

不过,这时候的大月氏比起十几年前他刚离开长安时已发生了很大变化:现在的大月氏到了阿姆河之后,用武力征服了大夏,又因此地土壤肥沃,他们已渐渐地在阿姆河定居下来,和匈奴已经相隔甚远,不愿再劳师动众东进去和匈奴作战。

面对大月氏的无心结盟共击匈奴的想法,张骞并没有放弃,他逗留大月氏一年多,多次想方设法劝说大月氏王,但最终都得不到一个满意的结果，无奈之下只好归国。

谁料，在回国的途中，张骞再次被匈奴抓获，又被他们关押了一年多。直到公元前126年，匈奴内部发生叛乱，张骞才得到机会。这次，他又幸运地趁机逃出，历尽千辛万苦后回到了长安，此时距他出发已过了十三个年头。

张骞这次出使西域，虽然没能达到预期的效果，但使生活在中原内地的人们了解到西域的地理、物产、风俗等情况，也为汉朝开辟通往中亚的交通要道提供了宝贵的资料。张骞带回的宝贵信息，让汉武帝兴奋难言，直接激发了他出兵匈奴的决心。于是，汉武帝派名将霍去病带重兵攻击匈奴，大大地打击了匈奴的势力，收回了河西走廊及漠北大部分地区，并建立了河西四郡和两关，开通了闻名天下的"丝绸之路"。

公元前119年，汉朝为了同乌孙结为联盟，以断"匈奴右臂"，再一次派张骞出使西域。距上一次出使西域过去了二十年，虽然仍然是为联合西域各国，结盟共击匈奴，但这一次，张骞率领了三百多人，且带了数万头牛羊和数目庞大的金帛货物，有了之前的行进经验，这次他们躲过了匈奴的眼线，顺利地到达了乌孙。同时，张骞还遣副使出使康居、大宛、大月氏、大夏、安息（今伊朗）等国家。不过可惜的是，当时恰逢乌孙国发生内乱，未能实现结盟的目的。

公元前115年，经过四年的联络奔走，张骞回朝，乌孙国派使者几十人随同张骞一起到了长安。从此，汉朝同西域的政治、文化及经济交流渠道便开始建立起来。

鉴历史 得智慧

张骞出使西域的历史精神给我们留下了许多宝贵的启示。张骞两次出使西域，不畏艰险，面对困难不屈不挠，凭着坚持不懈的努力，沟通了亚洲内陆交通要道，使中国开始了与西欧诸国的友好往来，促进了东西经济文化的广泛交流，说他是中国走向世界的第一人实不为过。

在出使西域的过程中，张骞展现出的冒险精神、坚韧不拔的毅力、开放交往的政策以及爱国主义精神，对于我们个人的成长和国家的发展都具有重要意义。

宋濂不惧艰苦求学

艰苦的生活对人的品格形成往往是一种极好的磨炼，也是对人意志品质的极佳考验，更是培养远大理想和浩然正气的绝佳途径。因为，如果人能够忍受住这种生活的艰苦，那么人生路途上的任何障碍都不足为惧了。

明朝初期，宋濂求学的过程就展示了一个人如何在贫困和艰难的环境中，凭借对知识的渴望和对学习的坚持，最终成为一位博学多才的学者。

宋濂字景濂，是明朝初年浦江人，后来他官居学士，主修《元史》，参加了明初许多重大文化活动，参与了明初制定典章制度的工作，颇得明太祖朱元璋的器重，被人认为是明朝开国大臣之中的佼佼者。

宋濂在学术和官职上的成就与他少年求学时的经历不无关系。宋濂年幼的时候，家境十分贫苦，无法购买书籍，但他苦学不辍，便向有丰富藏书的人家去借书来看，然后亲手抄录。有一年冬天，天气格外寒冷，以至于砚池里的水都冻成了冰。家里穷，没有钱买柴火取暖。宋濂手指冻得都无法屈伸，但仍然苦学不敢有丝毫松懈，借来的书坚持要抄好送回去。抄完了书，天色已晚，宋濂冒着严寒，一路跑着去还书给人家，一点不敢超过约定的还书日期。

因为他的守信和勤奋赢得了人们的尊重，他也因此获得了更多的学习机会，所以许多人都愿意把书借给他看，宋濂也就因此能够博览群书，增加见识，为他以后成才奠定了基础。

面对贫寒交迫的成长环境，宋濂不以为意，不以为苦，也从不自怜身世，而他心中的理想、所追求的是成大业，努力向学。

宋濂20岁后，更加渴慕圣贤之道，便去向自己同乡中那些已有成就的前辈虚心学习。

有一位同乡向来言辞和语气都很不客气，一副盛气凌人的样子。宋濂每次向他请教，都侍立在他旁边，手里拿着儒家经典，俯下身子，侧耳细听，唯恐落下什么没有听明白。

有时候这位名气很大的同乡脾气也很大，对他提出的问题不耐烦了，动辄大声叱责，而宋濂则更加恭敬，礼节愈加地周到，甚至连一句话也不敢说。

看到老师高兴的时候，宋濂赶紧又去向他虚心请教。他还自谦地说："我虽然很愚笨，但是，在老师这里也学到了许多东西。"

宋濂的求学之路充满了艰辛和挑战。后来他觉得这样学习不是长久之计，于是常常在寒风大雪中行走百公里去向学识渊博的前辈请教。

他一个人背着书箱，拖着鞋子，走在寒冬的深山之中。数尺深的大雪，把脚都冻开了裂口，鲜血直流，他也没有知觉。等到了学馆，人几乎冻死，四肢僵硬得不能动弹，学馆中的仆人拿着热水把他全身慢慢地擦热，用被子盖好，很长时间以后，他才有了知觉，暖和过来。他的谦卑和诚恳赢得了老师的尊重和喜爱，使他得以在艰难的环境中继续求学。

为了求学，住在旅馆之中的宋濂一天只吃两顿饭，什么新鲜的蔬菜，美味的鱼肉都没有，生活十分艰辛。和他一起学习的同学们一个个身穿华服，戴着有红色帽缨镶有珠宝的帽子，腰里佩着玉环，左边佩着宝刀，右侧系着香袋，光彩夺目，像神仙下凡一样。

对于华服、美食这些物质享用，宋濂认为那不是快乐，丝毫没有羡慕之情，照样刻苦学习。因为，他在学问中发现有许多足以让他快乐的东西，那就是知识。他根本没有把吃的不如人，住的不如人，穿的不如人这种表面上的苦当回事。

正是宋濂能忍受穷苦，自得其乐，才能成就一番事业。他的那些同学一个个生活得很快乐，又有几人名留青史呢？

鉴历史 得智慧

宋濂的求学故事告诉我们，无论环境多么艰苦，只要我们有对知识的热爱和对学习的坚持，就能够克服困难，实现我们的梦想。这种精神值得我们每一个人学习和传承。

项羽置之死地而后生

历史上,楚霸王项羽是个悲剧人物,他兵败自刎乌江,让人不禁扼腕,但是在他的时代,同样缔造了置之死地而后生的军事传奇。

秦始皇在平定六国,统一中国之后,大肆盘剥百姓,横征暴敛,连年征战加之不与民生息,百姓怨声载道。到了秦二世的时候,诸侯纷纷起兵造反,其中以项梁为首的义军和以刘邦为首的部队最为有名。

项梁手下有一员战将,名项羽,可谓自古以来第一位猛将,传说他为龙生虎奶之子,有千钧神力,勇猛过人,平生从未遇到过对手。

有一次,秦国大将章邯率领的军队在定陶遭遇项梁截击,两军对垒,发生激战,结果足智多谋、英勇善战的章邯获胜,并且俘虏了项梁大部分士兵,项梁本人也在这次战斗中被杀死,于是项羽就顺理成章,接替项梁成为了项军的统帅。

后来章邯又乘胜追击,派手下战将王离和涉间继续攻打赵国。王、涉二人率领二十万大军把巨鹿城层层包围,打算困死城内的士兵和百姓。

项羽得到巨鹿被困的战报,亲自率兵出击王离。

增援的项羽在部队渡过漳河时,做了一个不计后果的决定。项羽命令士兵把所有的船只凿破,让其沉入河底,把所有造饭锅具全部打破,把岸上驻扎的房屋纷纷烧光,每个士兵只发三天的干粮去战场。

然后,项羽又召集所有士兵训话,亲自对他们说:"此战对我们而言,已经毫无退路。如果这一仗我们打不过王离,就只有被王离杀死或者活埋的份儿,看着敌人在我们的地盘上庆祝胜利,刺破我们的胸膛,屠戮我们的兄弟。你们想要这样的结果吗?当然不想,所以我们必须想尽一切办法来战胜敌人,你们大家都清楚了吧?"众将士齐声高呼:"活捉王离,活捉王离!"大家表明了必胜的信心后,士气高涨,项羽率部出发了。

双方在路上相遇,随即发生激战,没有任何退路的项羽军队表现得极其勇猛,战事势如破竹,很快王离部队大败。不过王离的部将涉间又率军前来救援,双方再次发生激战。

战事僵持了两天多,双方已经八次交战,项羽的部队人困马乏,士兵们身上带的干粮所剩无几,如果再不能战胜敌人,就只有活活饿死。

这个时候项羽再一次给大家训话:"将士们,我们只有这唯一的一次机会了,这一次不是我们取胜,就是我们被敌人活埋,大家拿好自己的兵器,准备拼死杀敌吧!"说完他身先士卒,带领士兵冲向敌人的阵营。

没有任何退路和侥幸心理的将士们个个奋勇争先,杀红了眼,又一次击垮王离的军队,活捉了主帅王离,并将王离最亲近的部将苏角杀死,涉间也兵败自杀身亡。

项羽一战成名,从此渐渐成为各路义军的统帅。

项羽用破釜沉舟的方法激励手下将士的战斗热情和作战能力,终于一举将秦军击溃,奠定了自己在各路诸侯中的威信和领导地位,为最终推翻秦王朝奠定了基础。

鉴历史 得智慧

古往今来,那些成就大事的人物都有一个共同特质,那就是在做事情时,必定树立必胜的信心和不达目的誓不罢休的决心。古人曰:置之死地而后生,其意不就是破釜沉舟勇往直前的另一个说法吗?假如做事总是唯唯诺诺,畏首畏尾,瞻前顾后,就很难有战胜敌人的勇气和取得胜利的决心。因此,只有把自己置于完全没有退路的地步,才能激发人最大的潜能,以便鼓起勇气,开始绝地反击,最终达到自己的目的。

不轻言放弃的孔子

春秋时期,尽管社会动荡不安,但在思想文化上是百家争鸣的繁荣局面。这个时期诞生了中国著名的教育家——被后世称为圣人的孔子。

孔子名丘,字仲尼。他是中国古代思想家、教育家、政治家,是儒家思想的代表人物之一,对中国乃至东亚文化产生了深远的影响。孔子的思想强调仁爱、礼义、忠诚等价值观,提倡"学而时习之""温故知新"等学习方法,对于后世的道德建设、教育发展等方面都有着重要的启示意义。

孔子的成就源自他从小就树立了远大的志向,修身、齐家、治国、平天下。理想之所以伟大,是因为理想在实现过程中从不是高高在上的。

孔子心怀大志,饱读诗书意图奉献社会。年轻时孔子曾经做过管理仓库的"委吏"和管理牧场牲畜的"乘田",这些都是很低微的职位,但是孔子不在意这些,他仍兢兢业业,做得很有成绩,受到鲁国权臣季孙氏的赏识。

当时,周朝衰落,周天子的地位已经衰微,各路诸侯之间专事征伐,抢占地盘,天下礼崩乐坏,纷争不断。

看到社会的动荡混乱,孔子决定用自己的思想和力量去改变这个世道,建设一个天下统一、充满仁爱的、用礼法维持的有序的社会。

在孔子51岁的时候,他终于等到机会,做了鲁国的中都宰,这次他可以实施自己的救世主张。任中都宰仅仅一年时间,孔子就把中都治理得井井有条,四方的官吏看到他的成效,都争相去向他学习。很快,鲁国的国君就知道了孔子的卓越政绩,于是升迁他做了大司寇,并代行国相的职务,参与治理国政。

进入鲁国最高权力机构,孔子的施政方针进一步凸显成效。他参与治理国政仅三个月,鲁国就发生了意想不到的变化。首先是物价被平抑,商人们不再哄抬物价,接着就是全国上下,百姓恪守礼法,社会秩序安定。

在孔子代行国相职务期间,在齐、鲁两国国君会盟的时候,运用自己的智慧和卓越口才使得强齐归还了侵占的鲁国领土。孔子在任内下令拆毁鲁国三大权臣之中的季孙氏和叔孙氏的城池,使鲁国国君的地位和权威得到了强化。在此期间,孔子的救世思想得到了广泛的运用和宣扬。

然而,孔子的治国理念和方针对鲁国的改变成效太显著了,引起了周边邻国的警觉和不安。

当时的齐国看到鲁国在孔子的治理下越来越强大,担心强大的鲁国将来对自己不利,就向鲁国的国君进献了大量的美女和歌伎。以图用美色迷惑鲁国国君,这一招果然奏效,鲁国国君从此之后,无心朝政。

孔子看到鲁国国君专侍美色,无心朝政,觉得自己的理想在鲁国已无法实现了,于是辞去大司寇的官职,带着自己的学生,打算周游列国,宣传自己的救世主张,希求得到圣明诸侯的信任。

春秋时期,大多数诸侯国的政权组织形式都是由权臣或大氏族把持,这些权臣、大氏族担心诸侯任用孔子,抢了自己的威风或影响氏族的利益,因而都极力排斥他,用谗言蛊惑国君,用污言秽语抹黑孔子,有的人又怕别的国家任用孔子,进而对自己国家不利,于是也加害他。

孔子游学到卫国，就有人带着手持利刃的官兵来威胁和恐吓他；孔子到宋国讲学，宋国的权臣派人来暗杀他；孔子再到楚地，得到楚昭王的赏识，赐给他封地七百里，却遭到令尹子西的极力反对。孔子还几次受到围攻，差点送了性命，可以说孔子周游列国不仅是宣扬自己的济世主张，更是一部逃亡史，于乱世中辗转颠沛流离，孔子冒着生命危险在各国之间奔波，受尽了磨难，但是他始终执著地坚持着自己的理想，一刻也没有改变过。

有一次，孔子在陈、蔡两国之间遭到了两国大夫的迫害，导致孔子和自己的学生衣食中断。孔子已经几天都没有吃东西了，一点力气都没有了，他的学生也因为疾病和饥饿都倒下了。面对迫害，孔子依然弹瑟吟唱，没有一点沮丧泄气的样子，于困顿中展现了圣人的精神力量。

学生们看到老师身处逆境却仍旧乐观自若，都非常敬佩，他们说："老师理想高尚而远大，却不为世人所理解、运用，但是老师从不自怜自弃，仍然尽心尽力去推行自己的理想，这才是丈夫气概，君子所为啊！"

春秋时期，由于乱世，有些人避祸而隐居山林，这些人以自己的选择为标准，自以为看透了世间大道，朝代更替，就否定孔子和他的救世思想，还劝孔子的学生不要死心眼，一心跟着孔子做傻事，不如也随他们归隐山林，等到太平盛事再出来一展身手也不迟。

对于隐士的嘲讽，孔子不屑一顾，他对学生们说："我们是不能与山林中的鸟兽为伍的，如果天下太平了，这个世道还有什么必要改变的呢？就不需要我同你们一起去改变了。"

于各国政坛，于社会名流，孔子没有得到支持。孔子在各国奔波，常常寄人篱下，连个落脚的地方都没有，处境十分艰难。

当年，齐国害怕孔子治理鲁国使得鲁国强大，用计逼走孔子。孔子周游列国到达齐国后,齐景公打算赐给他田宅,可是孔子却拒不接受。他对学生们说:"我的主张齐景公并不接受,但他却赏给我田宅,他真是太不了解我了。"

孔子把救世为民视为人生最高的理想追求,不为荣华富贵所动摇,离开齐国后他又回到了自己的家乡鲁国专门从事教育事业。

他打破知识垄断,不再继续原有的贵族子弟才能读书的传统,而是在平民中招收学生,使得知识能够在底层民众中流动,正是孔子的摒弃门第出身、因材施教的理念,使得许多有才华、有道德的学生成长起来。其中一些人被各诸侯所用,他们贯彻孔子这位老师的思想,为挽救衰世而不断奋斗。

在孔子死后,汉朝的儒士董仲舒把孔子的思想加以改进,得到汉武帝的认可。所以有了汉朝"罢黜百家、独尊儒术"的思想统一的政令,使得孔子的思想得到发扬。

鉴历史 得智慧

盖世上有所成就者,无不是为了自己的理想和志向坚持不懈地奋斗,虽然在实现理想的过程中遇到困难和挫折,但仍旧不放弃,也只有这样的人才能有所作为,才能实现自己的理想。

虽然孔子在生前并没有实现自己救世的理想,但是,对于立下的志向,只要不轻言放弃,就一定能够实现。孔子通过教育学生,传授自己的思想,最终还是实现了救世的理想。

对于理想,孔子选择坚信、坚持,从不言放弃,因而为了理想而不惧经受磨难,遭受世人的白眼却执着而坚定,而事实最终证明他的思想是正确的。

曹操统一中原的决心

曹操是名著《三国演义》中的重要人物之一，他知兵法，工书法，擅诗歌。其诗多抒发政治抱负。曹操统一中国北方的过程，正是他的诗歌《龟虽寿》中老骥伏枥，志在千里的写照。

东汉末年，曹操起兵时，袁绍以十万大军雄踞北方，笑傲群雄。此时，只有四万兵卒的曹操在实力上自是不及袁绍。官渡之战后，袁绍军队元气大伤，一蹶不振，袁绍也在不久之后暴病身亡。袁绍之死，消除了曹操在实力对比上的最大的威胁。

袁绍败死之后，曹操兵不血刃，直接将袁绍军队吞并。在带兵凯旋的路上，将士们都很兴奋。看到将士们开心庆祝，大胜而归的曹操却郁郁寡欢，满腹忧思。

黄昏时分，曹操策马登上一高坡，不禁沉吟道："岁月悠悠，老年将至。转战南北，戎马倥偬，何时能回故乡？天下没有统一，壮志未酬，吾心难安。战马不卸下鞍，铠甲不离开肩。"

曹操的登高沉吟之语被谋士郭嘉全数听去。原来，曹军上下都认为此时北方已定，南方有长江天险阻隔，占据南方的各方势力不会出兵北方，因为各方势力都不足以消灭对方。所以，这样的安定局面下，可以安享太平了。

但曹操的志向是平定中原，进而统一全国。谋士郭嘉深知曹操胸怀天下，目标是问鼎中原，于是怒斥那些贪图安逸的将士，代曹操说出统一中原的大志。曹操见郭嘉如此知心,甚为相惜。

就在曹军上下还没来得及好好庆祝胜利时,探马来报:袁绍之子袁尚、袁熙已经投靠东北乌桓。曹操因势利导,利用这个机会,趁机激励全军将士直捣乌桓。

在发兵乌桓的路上,连日的干旱无雨,使将士们口渴难耐,人困马乏,后又遭遇连日暴雨,洪水泛滥,道路多被冲毁,行军速度异常缓慢。

这时,有谋士建议,索性驻军休整,等暴雨停歇,但曹操担心如果休整,会延缓时日错失良机,执意不肯。

这时,郭嘉献出一计:丢弃重物、扔掉盔甲、轻装上阵。曹操沉思片刻后,即下令依计而行。

在地势险峻的白狼山,轻装上阵的曹操军队遭遇乌桓三万骑兵的伏击!

一时之间,曹军上下措手不及,乱成一团。见此情景,曹操拔出宝剑,高喊:"大家不要惊慌!随我来!"

面对乌桓骑兵的凌厉攻势,曹操纵马向前,带头杀开一条血路,直冲白狼山,在制高点上镇定自若地指挥作战。将士们深受鼓舞,士气振作,奋力拼杀,大败三万乌桓骑兵。

这时,逃至乌桓的袁尚、袁熙又转而逃到了辽东。将士们士气高涨,纷纷要求乘胜追击袁尚、袁熙的残余部队。

郭嘉却坚持反对,并说:"穷寇莫追,如今诸侯割据势力,已是矛盾重重,我们一旦进攻,他们就会一致对外,联合起来抵抗我们;如果我们不进攻,他们内部利益不均,反而会起内讧,自相残杀,到时候我们不费一兵一卒,只需坐收渔翁之利即可!"曹操听后,虽有些犹豫,但最终还是采纳了郭嘉的建议,按兵不动。

就这样,几个月过去了,辽东却毫无动静。曹操变得非常焦虑、急躁。郭嘉深知曹操此时的心情,便宽慰他再等一等。

曹操一听，不由大怒道："等！我已经50岁了！再等我就……"剩下的话曹操虽然没有说出口，但郭嘉却终于明白为什么曹操一直郁郁寡欢。因为他担心自己年老，无法完成统一大业！

不过，郭嘉的计谋还是有了结果。在曹操焦虑的等待中，辽东方面终于有了动静。当时，太守公孙康派人携袁尚、袁熙的头颅来拜见曹操，曹操大喜，心里的一颗石头终于落地了，由此他也更加赏识、信任郭嘉。

在征服北方后，曹操也信心大增，决定发兵南下。不过南下途中，曹军却因缺水而经历了前所未有的艰难险阻，军心开始涣散。而此时对曹操打击最大的是：郭嘉因病去世了。

痛失知音与良谋的曹操，此时心情徘徊不定。年过五十的他不禁自问：要不要就此放弃？一番思虑之后，他毅然决定：继续统兵南下。

在南下途中，曹操经过渤海，他临海凭眺，看着惊涛拍岸，巨浪滔天，写下了著名的诗篇《龟虽寿》：……老骥伏枥，志在千里；烈士暮年，壮心不已。

自此，曹操不再担心自己年老，而更加坚定意志，再也没有消沉，直到统一中原。

鉴历史 得智慧

三国时期的曹操是个典型的大器晚成的人物，等到自己50岁的时候，还没有杀出一片真正属于自己的天下，曹操当时的郁闷心情可想而知。不过，年过半百的曹操却从未想过放弃，在他坚持不懈的努力之下，迟暮之年的他终于平定了北方。

每个人都应该在很小的时候就立下自己的志向和理想，即使到了三四十岁以后仍然没有实现自己的理想，也千万不要随意放弃，只有永远坚持不懈地奋斗，才有可能实现最终的目标。

王贞仪反对迷信，相信科学

古代闺阁千金流传下来不少反抗封建婚姻和私订终身的故事，清代才女王贞仪却给我们留下了把亭园当做科学实验基地的佳话。

一天晚上，从没进过新式学校的王贞仪走出闺房来到自家亭园中，在使女的帮助下，她异想天开地在亭中梁上用绳子吊了一盏水晶灯当太阳，又从内室搬来一座大圆桌当月亮，把凉亭正中的石头圆桌当地球。她将这三件东西多次移动，变换三者的方位和距离。她全神贯注地根据书上学到的科学原理，仔细观察、反复琢磨，终于试验出了望月和月食的关系，对月食这一自然现象作出了正确的解释。

这位被使女看作中了邪的小姐，居然写出了《月食解》这样的科学论文。

王贞仪出生在一个书香门第，祖父做过官，官虽不大，家里藏书却放满了75个书柜，她自幼就喜欢在祖父的书房里博览群书。王贞仪年纪很小时就已懂得珍惜时间，她说："人生学何穷，当知寸阴宝。"认为人生有学不尽的知识，要珍惜一分一秒的时间。

可是，在当时的封建社会里，不要说研究科学，妇女连写诗作文都有人讥讽，那些所谓士大夫们认为妇女只能侍弄酒食、缝纫衣服，不应握笔舞文弄墨。王贞仪对这种男尊女卑的封建习俗愤愤不平。其在写给女友方夫人的信里说："男女同是人也。"她写的诗中有这样的句子："始信须眉等巾帼，谁言女儿不英雄！"由此可见她多么想挣脱男女不平等的羁绊，冲向云霄去自由地飞翔。王贞仪虽感到现实生活的压抑，但她并不自暴自弃。她主张妇女应加强学习，提高自身修养，"岂知均是人，务学同一理"。

王贞仪自己就是这样身体力行的。

她常独自一人抬头看天，研究气象，观察云彩的流动变幻，注意气候的干湿潮润，经过长期观测记录，积累了大量的资料。对于天气的变化，她已大体能掌握，可以做到预测阴晴风雨。对所在地区的天时和农作物的丰收或旱涝，她都能作出正确判断。在二十几年短暂的一生中，她写下了大量的论文、著作，现存的有《德风亭初集》十三卷。除文学作品外，她还著有《星象图解》《历算简存》《地圆论》等十几本天文数算书和单篇文章。

王贞仪相信科学，反对迷信，她指责那些靠"看风水"、占卦过着寄生生活做骗人事的所谓"星相家"。她在写给父亲的信中说：这些人多不读书，只讲名誉势力，不学正确道理，专门讲所谓富贵贫贱、得祸得福等妖言扰乱人心，以谋私利。

在封建社会，特别是一个妇女，能有这样的见识是不容易的。

王贞仪在自然科学上，兴趣也是多方面的。她阅读了大量古代历法和算术的著作，尤其对清朝初年著名数学家梅文鼎有关数学和历法的书籍，更是刻苦钻研。梅氏著作中有一本《筹算原本》比较难懂，初学者很难掌握，也不利普及，王贞仪将书中深奥的道理，改用通俗浅显的文字和简便易懂的方程式编写，使初学的人一看就懂，便于掌握。王贞仪不仅习天文、精数学、懂气象，而且还通晓医学，并能为人诊脉看病。

"足行万里书万卷，尝拟雄心胜丈夫"，生活在二百多年前的王贞仪少女时代就树立了这样的雄心壮志。当时，她既无老师传授，又无同学可共同探讨学问，甚至连极简单的科学仪器都没有，就靠自己勤奋学习、刻苦自学、反复实践，取得了天文、数学、气象等学术方面的成就。这在当时是绝无仅有的。清代学者钱仪吉称赞她为自班昭之后，唯一的女性杰出人才。

鉴历史 得智慧

在封建社会时期，妇女是被禁止学习科学文化知识的，因为那被认为是不守妇道，而王贞仪却冲破当时的种种阻挠，研究望月和月食的关系，终于在天文学方面有所建树。虽然王贞仪的理想在当时并不被多少人理解和接受，但是她能够坚持自己的科学研究并达到了很高的水平，她的这种钻研精神和上进心是我们学习的榜样。

致力医学的张仲景

当一个人知道自己的方向在哪里,全世界都会为其让路。这句话换个说法就是"有志者,事竟成"。东汉末年的著名医学家,被后人尊称为"医圣"的张仲景学习医学的过程就是这句话的生动写照。

张仲景出生于一个没落的官僚家庭,其父张宗汉是个读书人,在朝廷做官。尽管家庭逐渐衰落,但家中藏书丰富,这为张仲景日后学医打下了坚实的基础。

张仲景自幼便对医学产生了浓厚的兴趣。他从小便跟随父亲接触各种典籍,尤其是医书。他阅读了《内经》《扁鹊八十一难经》等医学经典,对医学的热爱逐渐加深。

他在史书上看到扁鹊望诊齐桓侯的故事后,对扁鹊的医术钦佩不已,从此便立志学习医学,希望有朝一日能像扁鹊一样成为一代名医。

10岁左右时,张仲景拜师于名医张伯祖。跟随张伯祖学习医术,张仲景刻苦钻研,不怕苦不怕累。无论是外出诊病、抄方抓药,还是上山采药、回家炮制,他都全身心投入。张伯祖对这位勤奋好学的学生非常满意,将自己的毕生所学倾囊相授。

张仲景的一生两袖清风,不计较个人得失,把权、钱看得淡如清水,从不为身外之物而烦恼,从而使自己精神舒畅豁达,专心致志地攻读医书,行救死扶伤、治病救人之善举。

张仲景生活在一个动荡的时代,战乱频繁,百姓生活疾苦。他看到很多人因为疾病而失去生命，内心深感同情。

张仲景经常抽出空余时间为广大百姓治病，而且随叫随到。对来就诊者不分亲疏，也不论富贵贫贱，一视同仁，一概不收报酬。对无钱买药的贫苦患者，他还经常解囊相助。

相传张仲景曾在长沙做太守。当时，他还时刻不忘自己的临床实践，尽力解除人们的疾苦。

在封建时代，做官的不能入民宅。张仲景官居太守，又不能随便接近普通老百姓。于是他想出一个办法，择定每月初一和十五两天，大开衙门，不问政事，让有病的群众进来。

他堂堂正正地坐在大堂之上，逐个地仔细为患者治病。时间久了，就形成了惯例。每逢初一、十五的日子，衙门前一大早就聚集了许多来自四面八方的病人等候看病。

为纪念张仲景，后来人们就把坐在药铺里给病人看病的医生，通称"坐堂医生"。

后来，张仲景辞去官职，以布衣之身来到了少室山，专门总结经验，致力于医学著作。

经过几十年的奋斗，张仲景收集了大量资料，包括他个人在临床实践中的经验，写出了传世巨著《伤寒杂病论》。该书确立了"辨证论治"的原则，成为中医临床的基本原则和灵魂所在。在方剂学方面，《伤寒杂病论》也作出了巨大贡献，创造了很多剂型，记载了大量有效的方剂。

此外，张仲景还对内科、外科、妇科、儿科等各种疾病进行了深入研究和治疗，取得了显著的疗效。

后来，张仲景成了良医，被人称为"医中之圣，方中之祖"。

鉴历史 得智慧

张仲景学医的故事充满了传奇色彩。他从小受家庭影响，对医学产生了浓厚的兴趣；在战乱年代，他决心学医救人，为百姓解除病痛；他勤奋好学，刻苦钻研，最终成为一代医学大师。

古人认为多做好事，本身就是幸福。这叫"外功内果"，是利人利物的善举，会给自己带来愉快的体验，给生活带来无穷的乐趣，给自己所追求的事业提供充沛的精力和健壮的身躯。张仲景一生致力于医学事业，不为官卖命，而为民行善，他的一生过得充实，活得成功。

许多人总是把物质的多少、外表形象的好坏看得过于重要，用金钱、精力和时间换取所谓的优渥生活，甚至只图回报，不愿付出，渐渐地，他们会发现自己的内心在一天天枯萎。

事实上，只有找到真实的自我，才能精神饱满，容光焕发；只有懂得真心为人付出，才能使自己变得崇高，让灵魂得以升华。

第三章　路虽远，行必达

飞卫射箭

飞卫是春秋时期赵国邯郸的著名神射手，被尊称为"不射之射"。他的射箭技艺非常高超，百发百中，方圆几百里都没有能够比得过他的人，因此被后人尊称为箭神。飞卫教授神箭技艺的故事也被《列子·汤问》所记载。

相传，一个叫纪昌的年轻人，听说了飞卫的大名，很想学习射箭的本领，就来到飞卫家拜他为师。飞卫说："练射箭不能怕困难，首先要练好眼力，练到能够盯着一个目标，眼睛一眨也不眨然后才可以学习射箭，你回去练吧，练好了再回来见我。"

纪昌回到家里，认真地练起了眼力。他躺在妻子的织布机下面，用眼睛盯着穿来穿去的梭子，一练就是一天。

很多次当妻子不织布的时候，纪昌都对她软磨硬泡，请求她继续织布让自己练习眼力。就这样日复一日地练了两年，终于做到了即使锥子尖刺在他的眼皮上，他也能保持眼睛不眨。

纪昌很兴奋地去见飞卫，告诉他自己的眼力已经按照他的要求练得差不多了，可以学习射箭的技术了。然而飞卫却说："还不够，要继续练眼力，直到能把小的东西看大了，再来见我。"

纪昌回到家按照飞卫的要求，用牦牛尾巴的毛系住一只虱子悬挂在窗户上，每天都远远地看着它。经过三年的练习，纪昌终于能把虱子看得像车轮一样大，看其他东西也都像山丘一样大。然后，纪昌用燕地的

103

牛角加固的弓和楚地出产的篷秆作为箭,射那只悬挂在窗口的虱子。他成功地穿透了虱子的中心,但毛却没有断。

纪昌又去找飞卫,把自己练习的情况告诉了飞卫,飞卫听后非常高兴,认为纪昌已经掌握了射箭的技艺,对这个徒弟极为满意,于是点点头说:"现在可以教你射箭的本领了。"

从此,飞卫开始教纪昌怎么拉弓,怎样放箭。纪昌又苦苦地练了好几年,终于成为一名百发百中的好射手。

鉴历史 得智慧

飞卫射箭的故事不仅展示了飞卫高超的射箭技艺,也反映了他严谨的教学态度和纪昌的刻苦练习。神箭手飞卫在培养纪昌时有两个阶段。第一个阶段是考验、训练阶段,同时也是练好基本功的阶段。第二个阶段是升华阶段。如果在考验阶段纪昌不用功,或者畏惧困难放弃了,那么第二个升华阶段也就不会有了。

其实,在飞卫看来,第二个阶段就很简单了,学生有了基础,只需要教一些技术性的东西就培养出来了。同时,这个故事也传达了一个深刻的道理:只有不断学习和练习,才能真正掌握一门技艺,而过度自信和骄傲自满只会让人走向失败。

有的人虽然非常喜欢做事情,但或许只是一时的热情,一旦遇到困难就会退缩、放弃了。领导者在培养人才时就要注意这些情况,要在磨炼中不断选择、培养,最后确定培养目标,人才的培养就水到渠成了。

第四章

以人为鉴，可以明得失

触龙说赵太后

公元前266年正是战国时期,这一年赵国的赵惠文王去世,其子赵孝成王继位,由于他年纪尚幼,所以国家大事由赵太后,即赵孝成王的母亲赵威后辅政。然而,赵国在政权交替之际,国内并不稳定。

赵太后刚刚掌握国家大权,强大的秦国就将赵国作为自己的攻击目标。公元前265年,秦国趁赵国政权交替、国内动荡之际,大举进攻赵国,并占领了赵国的三座城市。

赵国的形势变得非常危急,且自知实力不能和秦国抗衡,因此赵太后向齐国请求援助。齐国表示可以出兵援救,但以防出现变故,要求赵国必须派赵太后的幼子长安君到齐国作人质。

赵太后对长安君十分溺爱,自然不肯答应。大臣们强行进谏,但赵太后明确表示,如果再有人提出让长安君去齐国作人质的事,她将当面吐那人一脸唾沫。

当时有一位叫作触龙的左师官,为了国家的安危着想,便对太后侍臣说,希望拜见太后。赵太后也知道他来的目的,便气冲冲地等着他。

触龙走入殿内就慢慢地走着小步,到了太后面前道歉说:"老臣的脚有毛病,不能快跑,很长时间没能来拜见您了。我私下原谅了自己,但是又怕太后的贵体有什么不适,所以想来看望您。"

太后说:"我也是脚有毛病全靠坐车走动。"触龙说:"您每天的饮食还好吧?"太后说:"就喝点粥罢了,身体并无大碍。"触龙说:"老臣近来特别不想吃东西，还是勉强散散步，每天走三四里，稍微增加了点食欲，身体也舒适些了。"太后说："我做不到像您那样。"

经过触龙这一番嘘寒问暖，太后放下了戒备，脸色稍微和缓了些，触龙马上抓住时机，慢慢地进入正题，说道："臣有一子名叫舒祺，年岁最小，老臣对他十分疼爱，可他偏偏不争气，不成器得很。现在我年岁已大，为了他的将来考虑，我希望他能充当一名卫士，来担负保卫皇宫的职责。所以，老臣我冒死来向您禀告，还望太后您能够成全一个老父的爱子之心。"太后答道："当然可以，不知他年龄几何？"触龙答道："十五岁了。虽然还小，不过我却希望在我离开人世前把他托付给您。"

看到触龙对小儿子如此用心，太后不解地问道："难道你们堂堂男子汉也如此疼爱自己的小儿子吗？"

触龙答道："其实男人爱儿子比女人还要真切。"听到触龙的回答，赵太后却表示不同意他的观点，说道："我觉得还是女人在这方面比较突出。"

听到赵太后的回答，触龙没有继续这个话题，而是转移谈话的重心，继续说道："我认为太后您疼爱燕后远远超过了疼爱长安君。"

太后道："您说错了，其实我最疼爱的还是长安君，这一点燕后无论如何也比不上。"触龙言道："天下的父母若是对自己的子女疼爱，就会为他们的将来考虑得长远些。"

见太后没有反对，触龙继续说道："想当初燕后出嫁的时候，您万分地不舍，拉着她的脚后跟不想让她走，再回想起来，真是催人泪下。燕后远嫁，您纵然十分想念她，却还是会在祭祀时为她祈福，希望她在燕国能够顺遂无忧。您为燕后做的这些，不正是为她做了长远利益的考虑吗？不正是希望她能够生儿育女，有后代能相继为燕王吗？"听了触龙一席话，赵太后不禁感叹道："正是这样啊。"

注意在这段对话中，触龙表示理解赵太后对长安君的深深的爱护，接着提出，父母对子女的爱，应该为他们做长远的打算。

这时触龙进一步说道："从现在的赵王上推三代，直到初建赵国时，这些年间有许多受封为侯的人，但是盘点下，他们的子孙能够继承父业的人，还有几位？"

赵太后想了想不禁感叹道："几乎没有啊。"

触龙又问："那太后您再把这个范围扩大一下，想想其他的诸侯各国，那些被封侯拜相的人，他们的子孙，还有承袭祖上恩德的吗？"

赵太后略思考一番，然后慢慢摇了摇头说道："我还真没听说过。"

见太后对自己的问题有所思考，触龙接着说道："这就是了，祸患来得早一点呢，灾难就会降临到自己头上，祸患来得晚一点呢，灾难就会累及子孙。难道说只要是诸侯之子就一定难成大业吗？"

听罢这话，太后摇摇头，看向触龙。

触龙接着这个话头往下说："太后圣明，当然知道诸侯之子不是一定难成大业，而是因为这些子弟虽然地位尊贵，却于国家社稷毫无寸功。没有功绩却享受着优厚的待遇和至高无上的权力，德不配位，难免就会引起世人的不满，而您现在不也正在犯这样一个错误吗？"

一听这话，太后有些惊愕。触龙直视太后："难道不是吗？您一直以来都非常疼爱长安君，不仅给他尊贵地位，还给他很多的封地，他所享有的富贵已无可匹及，如果您还不趁现在使他有功于国，那么试想在您百年之后，长安君又凭什么在赵国立身呢，又凭什么享有您给予的权力富贵呢？这么看来，我觉得您为长安君考虑得还是太短浅了，所以才会觉得您爱燕后超过了爱长安君呀！"

在这段对话中，触龙通过比较赵太后对长安君和燕后的态度，指出赵太后对长安君的溺爱可能会对他的未来造成不利影响。触龙的话深深打动了赵太后，使她意识到自己的做法可能对长安君的未来造成危害。

赵太后终于想通了，说道："好吧，任凭您指派他吧。"于是便命人准备上百辆车子，送他到齐国去做人质，齐国也马上兑现了诺言出兵援助。

就这样，在触龙的说服下，赵太后最终同意让长安君出质于齐，换取齐国的救兵，以解除国家的危难。触龙以国家利益为重，善于做思想工作的才能在这件事上得到了充分的体现。

鉴历史 得智慧

触龙之所以能够成功地说服赵太后将长安君送到齐国做人质，就是因为他善于进言，深知方圆之道。方圆之道，是古人智慧的结晶与升华，它的形式变化多端，可以理解为在曲中求直，也可称其为"以柔克刚"。触龙对赵太后的说服，正切中此道。其他人只会直言不讳地指出赵太后的错误决定，太后不予采纳。反之，倘若触龙外圆内也圆，那他势必又会对赵太后的决定大拍马屁，又何谈进言呢？

一个人生活在世界上，不可能同所有的磨难及打击相抗衡，因此把握为人处世的分寸，懂方圆之道是很重要的。当我们面临着一个对自己不利的环境时，最好不要硬拼到底，就像一块钢板一样，如果过于刚硬就容易被折断，而想要将一根柔软的柳条折断却要费上一番力气。因此，一个人要学会入世，在坚持"方"的原则的同时，也要以一种圆的姿态融入社会大潮。这才是智者的保身之道。

邹忌讽齐王纳谏

春秋战国时期,七雄并立,各诸侯国间有频繁的兼并战争,不同统治集团内部新旧势力的斗争异常尖锐激烈。在这种激烈动荡的时代背景下,士作为一个活跃的阶层出现在政治舞台上。各国统治者也认识到失去了民心,国家的统治就难以维持,因此他们争相延揽人才,虚心纳谏,争取"士"的支持。

齐威王继位后,不治朝事,但是他的大臣邹忌非常有责任感,他认为,齐国强盛的关键是使齐王虚心纳谏,励精图治,革除弊端,改良政治。

有一天,邹忌早上起来准备上朝。当他洗漱后照镜子时,看到镜中自己身材修长、容貌俊美、衣冠楚楚,颇有点洋洋自得。

他边照镜子边问妻子:"你说城北的徐公和我比,谁更美呀?"正在帮邹忌整理衣冠的妻子不假思索地回答:"当然是夫君你美了,徐公怎么比得上你?"

听了妻子的回答,邹忌有点不信。因为徐公是远近闻名的美男子,自己怎么反而会比徐公美呢?

不自信的邹忌又拿这个问题问他的小妾。只听他的小妾说:"徐公怎么比得上您呢?"

连续得到同样的回答,邹忌还不罢休。于是,趁着有客人来访时,又问客人。哪成想客人和他的妻、妾回答如出一辙:"徐公当然不如您美。"听到这话,邹忌飘飘然起来,然而打脸来得也很快。

恰巧第二天徐公来访,邹忌仔细看着徐公,又照着镜子看自己反复对比,怎么看也是徐公比自己美。

不过这没有引起邹忌的妒忌或者自卑,反而引发了他的深思:明明徐公比我美,可是吾妻、吾妾与到访吾府的客人却都说自己比徐公美,这是什么原因呢?

经过一番苦思冥想,于人情世故的思考中,邹忌得出了结论:妻子说自己更美,那是因为偏爱他;妾说他更美,那是因为惧怕他;而来访的客人说他美,则是有求于他啊。

邹忌上朝去见齐威王,对他讲了自己这段亲身经历和体会后,说:"今齐地方千里,百二十城,宫妇左右,莫不私王;朝廷之臣,莫不畏王;四境之内,莫不有求于王。由我的经历推及开来,您受的蒙蔽太深了。"

俗话说,响鼓不用重锤,这齐威王听罢邹忌的话,内心也是很受震撼。于是说干就干,下令全国:"群臣吏民如果有当面揭发批评我的过错的人受上赏;如果通过上书揭发批评我的过错的,就受中赏;如果能在大庭广众中揭发批评我的过错的,只要被我听到的,可以受下赏。"

这道求谏令刚一颁布,群臣纷纷进谏。多好的国君啊,挑他错处,都能得到奖励。于是,一时间,朝堂外门庭若市;几个月之后还有偶尔来提意见的;一年之后,即使想提意见也没的说了。原来这些意见都被齐威王采纳,被邹忌这个国相一一落实了,国家海内生平,政治清明,百姓安居乐业,又哪来那么多意见可提呢?!

齐国也因此很快强大起来,燕、赵、韩、魏各国都到齐国来朝见齐王。

鉴历史 得智慧

邹忌讽齐王纳谏可以分为两段。一是邹忌讽，启示我们，有效的沟通和表达是非常重要的。我们应该学会用清晰、准确、有逻辑的语言来表达我们的想法和观点，同时也要学会倾听他人的意见。二是齐王纳，启示我们，无论我们在生活中扮演什么角色，都应该勇于接受别人的批评和建议，因为这是我们成长和进步的重要机会。

惠施劝谏

惠施是战国时期的一位著名的辩士和政治家,他以智慧和辩才而著称。他常常以独到的见解和机智的言辞,为君主出谋划策,解决难题。

有一个故事发生在魏惠王去世时,即将继位的储君襄王以太子的身份主持丧礼。不料在即将按规定日期下葬的时候,突降大雪,积雪深厚,高达三四尺,国都大梁的内城和外城都有不少地方崩坍了。

惠王的陵墓早就选在北部山区,此时送葬,队伍要经过狭窄陡峭的栈道,且道路积雪又如此深厚,队伍所经之路途十分危险。

见此情形,大臣们纷纷向太子建议不妨推迟下葬的日期,他们说:"这么大的雪,如果按期下葬,必定劳民伤财,损失太大,国家恐怕也担负不了这样的开支,应改期为好。"

然而,对于大臣们的劝谏,太子不予采纳,坚持原定的计划,不做改期。

太子认为,自己这个做儿子的,必须谨守传统礼仪,恪尽孝道,不能因为雪大和费用而破坏原有的规制礼仪,这样做是不符合传统和孝道的。

当时的魏国的相国是公孙衍,这个人在魏国很有威望。魏惠王去世下葬的事情,他也在想办法说服太子更改葬期,但是一直也没一个好办法。

众大臣看到连公孙相国都没有把握能说服太子,只能死马当活马医了，抱着最后一试的侥幸心理，去请惠施出来劝说太子。

惠施在魏国也是一位很有威望的人。他之前是相国，履历也很辉煌，曾随同魏惠王出使过齐国，使魏、齐互尊为王，回国后担任过魏相。

大臣们来到惠施的家里后，向他转达了公孙衍的意见，请惠施劝太子不要固执己见，使举国百姓遭受损害。惠施于是爽快地接受了大家的请求。

惠施出面了，他走入内宫，首先向太子致哀，然后惠施以悲痛与无限关注的口吻询问太子说："下葬的日子定了吗？"

"定了！"太子以沉重的语气回答惠施。

听到太子的回答，果然如众大臣所料，安葬日期没有更改。这时，惠施停止哀痛的神情，然后提到因为大雪导致交通不便，询问太子是否决定了延期出殡的日子。

太子听了询问后很不高兴，表示坚决不会改变葬期。惠施并不直接反驳，而是故作惊讶地说："那怎么可以，这样做是大大的不孝啊！"太子一听，忙问惠施是什么道理。

惠施接着慨叹地说："过去周文王把父亲季历安葬在楚山脚下，不料，栾水冲刷了墓地，使棺柩的前头露了出来，大家都很惊慌。文王知道后，说：'噢！先君是想再见一见群臣百姓吧？因此让河水将棺木显露出来。'于是将棺木起出放在朝廷上，让群臣百姓都来谒见，三天后又重新埋葬。这是文王的孝义之道啊。"

"文王真是一位有头脑、有办法的人物哩！"太子赞佩地说。

惠施随即进入正题说道："现在先君葬期已近，而雪下得这么大，阻断了交通，先君一定是想稍稍滞留，以便安抚国家和百姓，请太子改变葬期以全先王顾念国家百姓之心。因实际情况而改变葬期，这是周文王认为的孝义,像这样的孝义先例不遵循,还有什么孝道可以谈论的呢?"

太子并未反驳,而是陷入沉思。没过一会,连连点头说:"好,好!我一定领会先生的意愿,推迟下葬,等雪化后,再重新选定日期。"

就这样,太子听了惠施的话,终于答应延迟葬期。

鉴历史 得智慧

惠施通过对孝道的重新定义,成功地动摇了太子的决心,让他认识到延期安葬也是一种孝道。惠施的辩论才能和语言智慧在这次事件中得到了充分体现。

惠施劝谏太子更改葬期的故事,给我们带来了启示,那就是我们要有灵活变通的思维。在面对困难和挑战时,不能死板地坚持原有的计划,而应该根据实际情况做出适当的调整。惠施通过引用周文王的故事,巧妙地让太子明白,更改葬期并不是不孝,而是遵循先王的意愿,更好地安抚国家和百姓。这种灵活变通的思维,正是我们在面对问题时找到更好的解决方案所需要的。

庄子劝谏赵文王

说起庄子,我们印象中都以为他是那个拒绝做官,不愿让高官厚禄束缚了自己,选择逍遥自在的生活方式的不羁潇洒之人。不过,即便是不理凡俗的逍遥之人,庄子仍心怀天下百姓,对国家社稷不是全然不顾,他也有为民请命的时刻。

战国时期,赵国的赵文王嗜好击剑,兴国君之所好,他的门下聚集了3000多名剑士。为了取悦赵王,显示技艺,这些剑客日夜比试。虽然每年死伤数百剑客,但赵文王却不管不顾,比剑的兴趣依然不减。

当时,赵国的国势随着赵文王的疏于管理已经衰落了,而周边强敌环伺,各诸侯国蠢蠢欲动,打算趁机攻打赵国。

赵文王的太子悝对赵国的境况感到很忧虑,于是想着向庄子求助。求助庄子劝谏赵文王。

庄子虽然不在朝为官,但是心怀社稷,天下兴亡、匹夫有责。对太子的求助他感到责无旁贷,于是欣然应允。

庄子并未直接面见赵文王,而是投其所好,假扮剑客,求见了赵文王。文王一听,是技艺高超的庄子求见,高兴极了,问道:"以先生的剑术,如何制服对手呢?"

庄子坦然说道:"十步杀一人,千里不停脚。"

"真乃天下无敌也!"赵文王听后不由赞道。

于是,赵文王请选拔出来的6位剑客和庄子比试,并且很专业地问庄子:"今天请先生和他们比剑。先生您惯持长剑还是短剑?"

庄子眉眼不眨地答道:"我所用的剑有三种,大王可以任意选用。"文王请庄子逐一介绍。

"我这三种剑是天子剑、诸侯剑、庶人剑。"庄子回答。

"哦,天子剑怎么用?"

"天子剑,当以燕山为锋,泰山为刃,魏晋为脊,周宋为首,韩魏为把,包四夷,裹四季,缠沧州,系桓山,以五行制造。一旦使用,则臣正诸侯,使天下驯服。"

赵文王听后略有所思,随即问道:

"那这诸侯剑又怎么样?"

"诸侯剑,是以智勇之士为锋,清廉之士为刃,贤良之士作脊,忠诚之士作首,豪侠之士作把,一旦使用,雷霆万钧,山摇地动,封疆之内、率土之滨无人不听其令。"

赵文王似有了然,接着问道:"那何为庶人剑呢?"

"庶人剑嘛……"

庄子卖了个关子,故意停顿了一下,赵文王不解,又急于知道答案,于是问道:"当如何?"

"请大王先赦免我言辞不敬之罪。"庄子上前请求道。

"恕先生无罪,请讲来。"赵文王抬手说道。

"庶人剑,剑客头发蓬乱,帽檐低压,衣服前长后短,一个个横眉瞪眼,说话简单粗野,他们在您面前击打,上面扭断了脖子,下面刺穿了肝肺。这种庶人剑,相互厮杀似公鸡斗架,对社稷毫无益处。现在大王有了天子的位置,却喜欢庶人剑,老夫私下里觉得不合算。"

听完庄子所说的三种剑,赵文王如醍醐灌顶,他拉着庄子的手走上殿来,三个月没出宫,一直与庄子讨论国事,赵国的击剑之风从此骤然而止。

117

鉴历史 得智慧

庄子为了劝谏赵文王，采取了以退为进、以柔克刚的策略。他首先自称也是剑客，去见赵文王，并在赵文王面前展示了自己的"剑法"，让赵文王对他产生了极大的兴趣。庄子通过"天子之剑""诸侯之剑"和"庶人之剑"的递进介绍，向赵文王阐述了不同的治国理念。

通过对比这三种剑，庄子向赵文王传达了一个深刻的道理：作为一位君主，不能仅仅追求个人的武力和权势，而应该注重自身的品德修养和智慧提升，以"天子之剑"来治理天下，才能真正实现国家的长治久安和人民的安居乐业。

庄子成功地说服了赵文王的故事，也体现了庄子"无为而治"的思想，即通过引导和教育来使人们自觉遵守道德规范和社会秩序，而不是通过强制和暴力来实现统治。

魏徵正言直谏

在中国历史上,能言善谏的能臣志士不少,他们或旁征博引、或以古讽今、或借事喻人,在劝谏君王的策略上从来不直来直去,然而唐代的魏徵却是"异类",他以直言劝谏而闻名。

魏徵是唐朝初期的著名政治家、思想家和文学家,他辅佐唐太宗十七年,以"犯颜直谏"而闻名。

魏徵在任期间,始终秉持"君臣同心,为治国之要"的主旨。"上不信,则无以使下;下不信,则无以事上""兼听则明,偏信则暗"这两句广为流传的名言就是他在辅佐唐太宗时期说的。作为大臣的魏徵始终严格要求唐太宗,只要唐太宗稍有懈怠和不对,他就直言不讳地指出来。

长孙皇后去世后,太宗非常思念她,于是在贞观十年十一月,太宗下令在禁苑中建了一座高层望楼,用以瞭望安葬长孙皇后的昭陵。

一次他带领魏徵一同登上望楼,让魏徵观望。魏徵仔细看了许久说道:"圣上请恕老臣老眼昏花,实在是看不见什么。"

太宗急切地指给他看,魏徵却说:"臣以为陛下在瞭望献陵(唐高祖的陵寝),如果是昭陵,那我早就看见了。"唐太宗为此拆毁瞭望楼。

没过几个月,在贞观十一年正月,刚拆完瞭望楼,唐太宗又下令营建洛阳飞山宫。魏徵直谏上书说:"前朝隋炀帝依仗着国力富强,不考虑后患,穷奢极欲,使百姓贫困不堪,以致灭亡,可谓殷鉴不远。思我大唐能够问鼎中原、取得天下的原因,皆是撤去了隋炀帝高大的殿堂宫宇,安居于比较低矮简陋的宫室。如果陛下要在原来的基础上又增修扩建,承袭旧殿却又大加装饰,必然给百姓带来负担,这分明是劳民伤财、以乱伐乱,必将招致祸乱的发生。得江山难,失江山易,请陛下三思啊!"唐太宗听后,深以为然,立即宣布停工。

魏徵的直谏脾性被唐太宗摸得一清二楚,那些魏徵不支持的事情,只能偷偷做。

有一次,唐太宗得到一只品质上好的鹞鹰,非常喜欢,就连准备上朝的时候,都将它置于臂膀上戏耍。这时,远远望见魏徵走过来,唐太宗连忙将鹞鹰藏在怀里。魏徵假装没看到,却进奏朝政大事很久都不停下来,唐太宗又不方便当面拿出鹞鹰来,最后鹞鹰竟闷死在太宗怀里。一位封建帝王竟受一位臣下的如此约束,这在中国历史上实在是少见。

魏徵之所以敢严格要求唐太宗,直言诤谏,这是因为他"无欲则刚",一生俭约,两袖清风。他所有谏言没有一件是为了自己的私利,而是为了大唐江山和天下百姓,理直则气壮,即使如帝王的唐太宗也得对这样一位近似圣人的忠臣格外尊重,对于谏言不得不听,不得不服。

魏徵的廉洁是始终如一的。早在青年时代魏徵就不治家产,官至宰相后,仍然保持节俭朴素的作风。贞观十七年正月,魏徵病重之时,唐太宗亲自到其住处看望。魏徵家的房没有正厅,太宗看后大为感动,为了抚恤魏徵,下令停止给自己兴建的小殿,把材料用来替魏徵修建正厅。

魏徵去世后,唐太宗痛失栋梁之臣,为表哀悼,他让九品以上文武官员都去吊丧。魏徵夫人说:"魏徵平时生活俭朴,如今用一品官的礼仪安葬,这并不是死者的愿望。"全都推辞不受,仅用布罩在车上载着棺材安葬。生时节俭,连死后哀荣都不受,这样纯粹无私的魏徵,使禁苑西楼上的唐太宗泪流不止。

对于魏徵唐太宗也说过一句名言,他说:"以铜为镜,可以正衣冠;以古为镜,可以知兴替;以人为镜,可以明得失。魏徵去了,我这面知得失的镜子也就没有了,我怎么不悲伤呢?"

作为谏臣,和优孟、东方朔等人充满机智的纳谏方式不同,魏徵是直言进谏,甚至是犯颜进谏,然而唐太宗却十分听从。其中一个重要的原因就是魏徵本身严格要求自己,能够以身作则,具有很高的道德修养和人格魅力,说起话来自然就要有分量得多。

鉴历史 得智慧

于国于家,魏徵做得光明磊落。正如孔子说:"己所不欲,勿施于人。"反过来,我们也可以说:"欲施于人,己当力行。"也就是说,我们要求别人怎样做,首先要自己能做到那样,这样人家才会心服口服。

晏子巧谏齐景公

晏子，名婴，字仲平，是春秋后期齐国的上大夫，历任齐灵公、齐庄公、齐景公三朝的卿相，辅政长达50余年。

在半个世纪的朝堂生涯中，他以卓越的政治远见、外交才能和朴素的作风而闻名诸侯。晏子头脑机敏，能言善辩，善于辞令。一桩平凡的小事，一席普通的交谈，聪明的晏子都能抓住机会，巧妙地劝谏景公，减免刑罚，这使得许多人免除了痛苦和不幸！

齐景公在位期间，为游玩观赏，就特别喜欢修建亭台楼阁；为图新奇和开心，就喜欢穿戴华贵奇异的服饰；为彰显豪奢，就喜欢通宵达旦地饮酒作乐。

晏子则生活简朴，清心寡欲。吃的是粗茶淡饭，穿的是粗麻布衣，住的是简陋的屋子。做景公的宰相时，更是用俭朴的生活约束自己，以劝谏景公。景公多次给他封赏，都被他拒绝了。对这样的晏子，景公也很尊重晏子，也不忍心让他过着平民一样艰苦清贫的生活。

有一次，景公琢磨给晏子改善一下居住环境，于是便趁晏子出使晋国不在家的机会，给他建了新房子。

谁知晏子一回来，就把这所新宅毁掉，而把因给他建新宅拆毁的住宅重新修筑起来，都修成它们原来的样子，让原来居住的人仍旧住回去。景公知道后很生气，觉得自己一腔热情泼在冰面上，便说："你不愿打扰百姓、邻居，可以，那么请你在宫内建一所住房行吗？是我这个国君舍不得你,想和你朝夕相处,总该可以了吧?"

晏子一听,急了,说:"古人说,受宠信就更要知道收敛自己。您这样做虽然是想亲近我,我却会整天诚惶诚恐。我一个臣子怎么能这样做呢?那只会使我与您疏远。"

景公无法强求,只好退一步说:"你的房子靠近闹市,本就低矮潮湿狭窄,加之整天吵吵闹闹,风过时尘土飞扬,这个环境,你作为一国之相是不能居住的。我给你换一个干燥清爽、安静一点的地方总行吧?"

哪知,齐景公好话说到这个分儿上,晏子也不接受,他连忙辞谢,说:"我的祖先就是世世代代住在这里的,能继承这份遗产,我就已经很满足了,而且这地方靠近街市,早晚出去都能买到我所要的东西,倒也方便,实在不敢再烦扰乡邻再建房子。"

景公听了,笑着打听:"靠近街市,那你一定知道东西的贵贱,生意的行情!"

"当然知道。百姓的喜怒哀怨,街市货物的走俏滞销,我都很熟悉。"晏子自信满满地回复道。

景公觉得颇为有趣,堂堂卿相,竟然对市井俚俗了然于心,于是随口问道:"你知道现在市场上什么东西贵?什么东西贱?"

那时候,齐景公喜怒无常,滥施刑罚,对犯人常用的刑罚是把脚砍下来,因而市场上有专门卖假脚的。晏子有心趁机劝谏景公,便说:"据我所知,近一段时间假脚的行情看涨,而鞋店的生意却不怎么好,鞋子卖不出去了。"

听闻晏子的回答,景公马上收敛起笑容,知道晏子是在讽刺自己滥用刑法,齐国的老百姓很多人受刖刑,被砍掉了双脚。只见他的脸色非常严肃,再不作声。这件事对齐景公的触动很大,没过多久,他便下令减免刖刑这类刑罚。

还有一次，一个人因为一件小事惹怒了齐景公，他便命令武士将这个人绑起来，还要把他剁成肉块，此时在气头上的齐景公，谁劝也听不进去。

这时，晏子急忙走过去，左手抓住这个人的头发，右手拿着武士递过来的刀，然后同仇敌忾的样子，抬头问殿上的齐景公说："让我来替大王行刑吧！只是，大王快告诉我，古代贤明的君主肢解人，该从哪里下刀呢？"

齐景公听了，马上从座位上走下来说："你把这人放了吧，事情的过错在我。"

晏子凭借机智的头脑，对齐景公的劝谏不止这一两件，还有一次，晏子凭借幽默机智的逻辑，让齐景公不得不放弃刑罚。

齐景公有一匹非常喜欢的马，可是，有一天这匹马却生病死了。齐景公悲伤之余又非常生气，无处发火的他命人拿刀欲把养马的马夫用支解的酷刑处死。

晏子急忙走上前去，对景公说："从古时尧舜以来支解人的刑罚，是从什么人开始的？"

齐景公惊恐地回答说："从寡人开始的。"于是便不支解养马人了。

景公说："把他投进牢狱。"

晏子说："这样做他不知自己犯了什么罪便死了，请让我替国君来列举他的罪状，使他明白自己犯的罪，然后再送他进监狱。"

景公说："行。"

晏子走近马夫说："你犯了三条罪，该杀。你为国君养马，却不精心饲养，把马养死了，该当死罪，这是其一；你让国君因为马生病死了而不得不杀了你这个养马的人，你又犯了死罪，这是其二；你让国君因马生病死了而杀掉养马人的事,传遍其他诸侯各国,必然会让国君蒙受重马轻人的坏名声,这罪又该死。此乃其三,你犯此三罪,现在应把你送到监狱。"

听完晏子的话,景公忙说:"先放了他吧!不要让我落个不仁的罪名。"

鉴历史 得智慧

晏子在劝谏齐景公时,有一个特点,那就是他从来不通过正面批评,而是采用委婉曲折的方式,用"踊贵履贱"来劝谏齐景公不要滥用酷刑;问景公"古代贤君如何肢解人",让他省悟自己的过错;历数马夫的罪状,告诉齐景公不要因小失大。这成了后来历代聪明的臣子劝谏君主的惯用手法。

晏子的劝谏技巧,我们在现实中也可以加以总结运用。对待别人的过错,用委婉的方式批评,可以缓和气氛,使人容易接受。

刘基"借题发挥"

元末明初有位杰出的军事谋略家、政治家、文学家和思想家，以其神机妙算、运筹帷幄而著称于世。他被后人比作诸葛武侯，并被朱元璋誉为"吾之子房也"。得到如此高的历史评价和帝王评价的不是别人，正是明朝开国元勋刘基。

元朝末年，朝堂昏暗，天下大乱，烽烟四起。浙东有位名士刘基（字伯温）为避战乱，隐居在青田的老家。

暑往寒来，春秋易变，近十年光阴如白驹过隙，然而隐居期间刘基耕读不辍，真可谓腹中学富五车、笔下文堪千古。朱元璋仰慕刘基的才名，于是，想办法把刘基请出了山。

刚一出山，刘基就帮助朱元璋制定了谋夺天下的总体方略。最后，于1368年正月，朱元璋在应天（南京）即皇帝位，定国号为明，建年号为洪武。

朱元璋做了皇帝，江山初定，觉得对于跟随自己出生入死打江山的朋友功臣应该论功行赏了。可是从初扛大旗，到定都南京建立大明，这个过程中有功于江山社稷的人、该封的人实在太多了，朱元璋自己也不知道该如何处置。

不过，对封赏这件大事，刘基有他自己的想法，只不过他没有直接谏言朱元璋，而是采用了借题发挥、以画讽谏的方法。

在一个风和日丽的春日，刘基邀请朱元璋到宫外散心。出宫时，君臣两个皆扮成老书生模样。游走间,他们来到热闹非凡的城隍庙。

刚跨进庙门,只见一院子的人,正围着墙上的一幅画,一边瞧一边议论。两人也走近一看,那画甚是奇怪,只见画着一个大汉,头上一束一束乱蓬蓬的头发像个鸡窝,而在每一束头发上都戴着一顶式样不一、大小各异的帽子。

朱元璋观画不解其意,久久站在这幅画前,凝神思索。刘基则在一旁不动声色。后来,朱、刘君臣两人继续闲游,可是朱元璋明显无心继续观赏春色。回宫之后,朱元璋也是一夜未眠,反复思量,没能参得画中深意。

第二天,朱元璋苦思无果,就问刘基,那幅画到底蕴藏了什么深意。刘基这才笑着说:"陛下,画这幅画的画师当真很了不起啊!他是用画作来向陛下进谏呢,开国之后,要防止冠多发乱啊!"

"冠多发乱"的谐音就是"官多法乱"。只这一句,朱元璋恍然大悟,点点头说:"这个画师有点意思,跟寡人打起哑谜来了。不过,这个哑谜打得好,现在就快快拟旨,诏告天下,今后只封功臣,不封亲朋。"

刘基借画师之笔,表明了自己对当前朝政主题方向的见解和意见,既不强硬难受又十分清晰透辟,使得朱元璋立时予以照准。

鉴历史 得智慧

"借题发挥"往往是看似表达此事实则目的是言彼事,这样从一个看似相关的事情着手,引出真正想要说明的问题,并引发人们的深思。

人性决定一个人多数时候更容易接受自己得出的结论,如果一件事并不好直接言明,或是直接说出来效果反而适得其反,那就不如"借题发挥"一下,让当事人自己想明白个中的道理,事情反而会变得容易多了。

宋弘劝诫刘秀

刘秀刚刚建立东汉的时候,对宋弘很信任,于是把选拔人才这个重要的工作交给他来做。宋弘便推荐了很有才学的桓谭。

桓谭是东汉时期著名的思想家、经学家、音乐家,他的父亲是汉成帝时的太乐令。宋弘向刘秀推荐桓谭,认为桓谭学识广博,是难得的人才。刘秀信任宋弘,因此任命桓谭为议郎、给事中。

桓谭擅长弹琴,奏出的乐曲美妙轻柔,刘秀听后十分喜欢,每次宴会总是叫桓谭弹琴助兴。久而久之,桓谭在刘秀身边只起了琴师乐手的作用,这不是桓谭的本意,也不是宋弘举荐人才的初衷,所以使得桓谭十分难堪。

宋弘听说此事,心中很不高兴,后悔向刘秀举荐桓谭,既蛊惑了皇上,又坏了自己的名声,与他原本期望桓谭能以才德来辅助皇上的初衷相去甚远。

有一天,宋弘身穿朝服,坐在大司空堂上,派人去叫桓谭。桓谭到后,宋弘没有给他座席,并责怪他说:"我推荐你的目的,是想让你用自己的才德来辅助皇上,但现在你多次弹奏郑乐来扰乱'雅颂'正音,你不是一个忠诚正直的人。你能改正吗?还是让我依法来治你的罪呢?"桓谭磕头道歉,许久之后才被放走。

过几天,刘秀又召集群臣宴饮,席间,又像往常一样让桓谭为之弹琴。当时,宋弘也在座,桓谭十分为难,觉得弹也不是,不弹也不是,左右两难。

见桓谭一反常态,刘秀非常奇怪,忙问缘故。不等桓谭开口,宋弘先离席脱帽道歉,跪在刘秀面前说:"臣之所以举荐桓谭,是希望他能以忠正之道辅佐陛下,而他却常使陛下沉湎于音乐之中,这是我的罪过。"听了他的这一番话,刘秀脸色严肃地向宋弘道歉,并让桓谭换回衣服。从此后,桓谭就不再担任给事中一职。

鉴历史 得智慧

宋弘劝诫刘秀不沉迷于音乐的故事,展示了他对桓谭的期望与桓谭实际表现之间的落差,以及宋弘对忠诚正直品质的坚持。

在我们今天看来,听听音乐,无伤大雅,甚至还有益于陶冶情操。但在当时社会道德范畴,这是声色犬马之属,沉迷于音乐,就是玩物丧志之举,对于一个统治集团的帝王来讲更是要不得的。

刘秀能如此自觉地严格自律,尊重人才,尊重别人的意见,实在是一件好事,即使在整个中国历史上也是十分难得的。

第五章

是是非非谁来评

太平天国自相残杀

成就事业就会面临很多挑战和困难。团结是一个组织或团队成功的关键因素之一。如果内部不团结，团队成员之间可能会出现矛盾、分歧和争斗，导致能量分散，无法形成合力，事业难以成就。

清末爆发的太平天国运动如火如荼，正当人们以为太平天国将取清朝而代之时，太平天国内部却爆发内讧，导致太平军元气大伤，由盛转衰，直至消亡。

太平天国内讧开始可以追溯到1856年，即清咸丰六年，太平天国丙辰六年。在这一时期，太平天国领导集团之间发生了一次公开的分裂，被称为"天京事变"或"洪杨内讧"。

当时，太平天国在定都天京（即南京）后，主要领导人之间的嫌隙逐渐增大。其中，东王杨秀清掌握大部分的军政实权，其骄傲专横的作风引发了与其他领导人的矛盾，包括天王洪秀全、北王韦昌辉、翼王石达开等人。

太平天国达到鼎盛期后，其头脑们显然被胜利冲昏了头脑。

太平军占领武昌后，天王洪秀全就吩咐手下，为他挑选六十余名美女，供自己娱乐。已然过着帝王一般的生活。占领南京，建立国都后，这位天王马不停蹄地修筑王宫，大兴土木。

定都后，天王洪秀全临朝和皇帝的排场已没有什么区别，除了杨秀清、韦昌辉、石达开几位外，其他文武官员都排列在大门外，按礼仪跪拜，山呼"万岁"。实际上，这时候的洪秀全和其他诸王已经不是结义兄弟的关系了，而是君臣关系。

但是东王杨秀清却早不满足只掌握军政而已，他要与天王洪秀全平起平坐。于是，咸丰六年，清廷的江南大营被击溃以后，杨秀清自称"天父下凡"，召天王洪秀全到东王府。他质问洪秀全说："你与东王皆为我子，东王有大功劳，何止称九千岁？"最终逼得洪秀全回答："东王打江山，亦当是万岁。"

那么，洪秀全真的心甘情愿万岁宝座再多一人，与杨秀清平起平坐吗？当然不是了。洪秀全这个人很沉得住气，他假意答应杨秀清称万岁，并为他举行典礼，不过是缓兵之计。洪秀全很清楚当前的处境，自己这个天王基本上是形同虚设，并无实权，在无力还击的情况下，只能是秘密谋划，瞅准时机干掉对手。

此后，杨秀清利用自己的权力和地位，多次逼迫洪秀全承认其为"万岁"。洪秀全见时机已经成熟，密令韦昌辉和秦日纲回京对付杨秀清。

对韦昌辉来说，诛杀杨秀清不仅是辅助天王，而且是报仇。

原来，早在金田起义时，韦家父子捐钱捐粮又提供掩护，立下大功。太平天国起义后，洪秀全在永安州封五王，韦昌辉被封为北王。见韦昌辉能干有功，东王杨秀清便处处压制、羞辱他。先是无端剥夺韦昌辉的兵权，然后因韦昌辉属下过错责怪韦昌辉失职，竟然将韦昌辉打了数百杖，几天都不能起床。最后因韦昌辉的哥哥与杨秀清的妾兄为争夺房屋发生争执，杨秀清很生气，要杀了韦昌辉的哥哥，而且还不亲自动手，让韦昌辉亲自治罪。韦昌辉被逼无奈下，只得给自己哥哥定下五马分尸的死罪。

因此，韦昌辉对杨秀清充满刻骨的怨恨，接到洪秀全的密令后，立即率兵回天京，包围东王府，诛杀杨秀清及其眷属。

杀戮行动一开始，韦昌辉就有自己的想法，他对东王仇怨太深，因此这次行动势必要挟私报复，非要对杨秀清一家斩草除根而后快；还有一点，他要获得更大的权力，势必就得将天京城内东王部属和将士全部消灭。

紧接着，韦昌辉下令，对天京城内和东王有关的其他人员进行屠杀，不分文武、男女老幼，就连婴儿也不放过。

韦昌辉的这一行动引起了天京将士的愤怒，石达开也要求洪秀全惩办韦昌辉，意想不到的是，洪秀全竟然拒绝了他。因为洪秀全是在利用韦昌辉。

韦昌辉在这场血腥屠杀中，只是个报私仇兼夺权的工具人，洪秀全才是幕后的真正元凶。他对付石达开与诛灭杨秀清的手段如出一辙——即利用自己的圣旨加上韦昌辉的势力，一举除去石达开。因此，以"反顾偏心罪"悬赏捉拿石达开的天王诏旨便传遍天国各地。

假如石达开真的被谁取了首级去领赏，洪秀全一定会把杀石达开的责任和杀杨秀清的责任一样推给韦昌辉，说自己是在韦昌辉的胁迫下下旨杀石达开的。

然而，石达开在天国军民中的极高威望，是洪秀全没料到的。举国军民拿着捉拿悬赏的圣旨当草纸，各地军队纷纷支持石达开举靖难之旗。

眼见借韦昌辉杀石达开的计策落空，洪秀全只得清理门户，表现一下自己"正义的姿态"。

夏历十月初五，洪秀全亲自带兵，借城外翼王大军的声势，向乱党韦昌辉发起进攻，韦昌辉被活捉，他的父亲韦元玠及全家老小全部被杀。

咸丰三年（1853）时，太平天国形势一片大好，然而，仅仅三年时间，发生了天京事变，东王遭屠杀，韦昌辉被剁成肉块，使太平军元气大伤，丧失了乘胜歼灭敌人的有利时机，成为太平天国由盛转衰的转折点。

威望最高的翼王石达开回天京后，洪秀全对其心存疑忌，处处牵制他。最终，石达开于1857年6月率部出走，1863年5月陷入清军包围，全部被剿灭。

太平天国败于内讧，最终结束于天王之手。

鉴历史 得智慧

太平天国在推翻清朝的过程中，领导层之间保持了一定程度的团结。然而，当太平天国控制了大量的领土和资源后，内部利益斗争加剧，导致了更多的分裂和内部斗争。主要原因可以归结为权力结构的失衡、领导层的内部争斗、体制内的腐败、文化差异和外部压力等因素。此外，领导层的腐败问题、文化差异和外部压力也加剧了内部的矛盾和分裂。

总的来说，太平天国内讧的始末展示了农民领袖在权力和利益面前的复杂心态和冷酷无情、残忍嗜杀的性格特点。这一事件对太平天国的历史产生了深远的影响，使其从强盛走向衰落，直至灭亡。

吕不韦舍小利谋大利

吕不韦是个大商人,他在赵国遇到了作为人质的秦国公子子楚,挟为奇货,为了使自己的计划实现,他确实损失了一笔财富,但不失小利,又怎么能换取更大的利益?吕不韦可谓聪明绝顶。

吕不韦是战国时期的大商人。他是卫国人,世代经商,将运来的各国宝物和产品进行大规模的交易,往来中国各地,富甲一方。

有一天,他想:自己经商已经很成功了,如果再继续做下去也没有什么意义,应该做些买卖以外的大事情。他开始关心政治。"如果能当个成功的政治家,就能操纵国事,倘若顺利,天下就是自己的,比起经商一定更有趣。"终于,他下定决心从政。

因为他来往各地,注意收集天下的情报,战国时代各国政治情报都在自己的掌握之中。战国七雄中最强的是秦国,不久的将来秦国可能会统一天下,所以要先设法在秦国谋求个职位。

当时的秦王是年老的昭王,实权是在太子安国君手上,而太子岁数也不小了。因此,将来秦国的君王,很有可能是安国君20多个儿子中的一个。

吕不韦在安国君的20多个儿子中终于发现了一个人,就是在赵国邯郸当人质的异人。

异人是众兄弟中境遇最不好的。因为秦国有攻打赵国的计划,如果关系恶化人质就可能被杀。但是吕不韦却把他当作目标,因为在逆境中的人，更能磨炼出才智，而且也最容易接近。

吕不韦在邯郸有房子，还有一个自己十分宠爱的叫赵姬的舞伎。吕不韦试着接近过着困窘人质生活的异人，并赠送了500金，劝他用这些钱拉拢邯郸的名士，并对来访的人热情招待，异人接受了他的建议。

受到招待的名士对在异国当人质而有广阔胸襟的异人十分敬佩，通过他们之口，异人的名声开始传遍各国。吕不韦也叫人散布："在赵国当人质的秦国王孙异人是个杰出的人物。"

当然这些话在秦国也流传着。吕不韦又选准一个时机到了秦国，得以见到了秦王太子安国君宠妃华阳夫人。华阳夫人很受太子宠信，但一直无子。

吕不韦找到了华阳夫人的姐姐，告诉她，异人是个才能杰出的人，很想念家乡，又说些他尊敬父王安国君，把华阳夫人当成母亲一样敬仰的好话。华阳夫人的姐姐于是告诉了华阳夫人，终于说动了华阳夫人收异人为养子，使异人在众兄弟中最接近王位。

随后吕不韦又把赵姬让给了异人。

不久，赵姬生下一子，取名政。

政就是后来的秦始皇。

政还是婴儿时，秦国攻打赵国，包围邯郸。吕不韦以600金买通官役，帮助将要被处死的人质异人逃出了邯郸。赵姬和政被留在赵国。赵国要杀赵姬和政，由于赵姬娘家是赵国豪族，而且吕不韦从中协调，赵姬和政免于一死。

六年后，秦昭王死，太子安国君继承王位。这时，华阳夫人已认异人为亲生子，改名子楚，将他立为太子。安国君的健康状况不佳，即位后一年就死了。

太子子楚即位，就是庄襄王。吕不韦的计划终于实现了，以很低代价救回的人,成了秦国的国君。

庄襄王任命吕不韦为宰相,并封为文信侯,给了他洛阳10万户的食邑,于是吕不韦以前所投资的金钱全都收了回来并且获得了丰厚的回报。

鉴历史 得智慧

吕不韦投资落魄的异人,经过一系列的运作,由一个商人成为当时最强大国家的宰相,一人之下,万人之上,可以说一本万利。这一过程不仅展现了他深远的政治眼光和卓越的政治手腕,也体现了他作为商人的投机精神和冒险意识。他的成功在于准确地判断了政治形势,并敢于投入巨资进行长期的政治投资,最终实现了从商人到政治家的转变。

在当代社会,社会竞争日益激烈,只有善于抓住机会的人才有可能成功,同时机会也是留给有准备、有胆量的人,我们面对机会时要勇于尝试,只有这样才能不断成长与进步。

曾参"愚孝"

孔子门生中有七十二贤，其中之一便以孝著称，这个人便是曾参。

曾参的孝行中最有名的故事是"啮指痛心"。这个故事讲的是，曾参少年时家贫，常入山打柴。有一天，家里来了客人，母亲不知所措，就用牙咬自己的手指。在山中打柴的曾参忽然觉得心疼，知道母亲在呼唤自己，便背着柴迅速返回家中，跪着问缘故。母亲说："有客人忽然到来，我咬手指盼你回来。"曾参便接见客人，以礼相待。

可见，曾参对母亲的孝顺，已经到了心灵感应的程度，母亲身体上的一点不适，曾参都能感应到。

曾参对父亲也非常孝顺，曾参的父亲脾气暴躁，有时蛮不讲理甚至动粗，他都是逆来顺受。

有一次，曾参在瓜田里干活时，一不留神锄断了一棵长得很粗壮的瓜苗。他的父亲曾皙一见之下，怒火冲天，抄起一根粗木棒照着曾参脊背上就打下来。

可是曾参竟然不闪不避，结结实实挨了一棍，一下子扑倒在地，不省人事。过了好半天，曾参才终于缓缓醒来。尽管此时背上仍然火烧火燎地疼痛，但他还是挣扎着挪动身体到父亲身旁，问候父亲，说："不肖子惹父亲大人生气，方才您老人家教训我，可曾用力过猛，伤了自己的手？"问候完毕，又回自己屋里，继续若无其事地弹琴唱歌，告诉父亲自己心里一点怨恨也没有。

这件事很快就传了出去，曾参的孝名也传扬开来。人们都夸曾参真是个至孝之人，宁愿自己受伤，也不愿忤逆父亲。

后来曾参的老师孔子也听说了，但他却对此不以为意，还吩咐其他弟子，如果曾参来了，就别让他进来。弟子们虽然觉得奇怪，可一看孔子的脸色，谁也不敢询问到底为何缘故。

没两天，曾参果然来了。他边走边想："夫子是不是该表扬我了。"哪知道刚到门口，他就被关在门外，不准进去。

曾参被自己的老师拒之门外却不知所谓何事，苦思不得其解。他只好千方百计托人传话，希望老师孔子能解开他心中的疑惑。

孔子说："从前舜也是个大孝子，但不是曾参这样的。舜的父亲也经常打他，甚至要杀掉他。如果他爹用小棍子打，舜就不闪不避，随他打几下得了；可如果他爹用大木棒打他，那舜就跑得远远的，躲开暴怒中的父亲，不吃眼前亏。

"现在曾参，明明知道父亲用大木棒砸下来却也不躲避，存心用自己的血肉之躯去承受那蛮不讲理的暴怒。他自己竟然如此坦然，觉得这样是孝顺。却不想想，万一他爹那一棍子把自己打死了，那他爹岂不是要背负杀子的恶名？天下还有比陷父亲于不义更不孝的吗？"

曾参听了别人的转述，恍然大悟。这才明白自己这种做法其实是极端错误的，几乎酿成大错，从此以后不再做愚孝之举。

不过，在孔子眼里，曾参是一个可以承载其"孝"的理论的弟子。孔子认为曾参不仅可以践行孝道，更能将其发扬光大，于是决定把孝道传给曾参，使其将这一套理论发扬光大，后来曾参果真把孔子的思想汇编成《孝经》。

鉴历史 得智慧

　　凡事必须有一个度，如果不能很好地把握这个度，就有可能把好事变成坏事。曾参至孝，本来是一件好事，但是他最开始没有把握住所谓"孝"的标准和度，以为一味地逆来顺受就是"孝"，结果几乎铸成大错。孔子的聪明就在于懂得凡事不能过火，一旦过火就会犯错，这其实也是孔子中庸之道的一个体现。

石奢的左右为难

春秋时期，楚国有个大臣名叫石奢，是楚昭王的国相，他为人刚强正直、廉洁公正，既不阿谀逢迎，也不胆小避事。

一天，石奢奉命巡视全国。临行前，楚昭王对他说："这几年你一直忙于国事，都没有回过家乡省亲，这次你可以顺路回家看看，与家人小聚几天。"

听了楚昭王的话，石奢心里很高兴。其实，石奢本也很想回家看看，家乡的一草一木、一山一水，都让他感到亲切。尤其是过年过节的时候，就更加思念家乡的亲人。只是他在朝中任职，公务繁忙，再加上家乡位于偏僻的山野之地，路途遥远，交通不便，回家探望，很不容易。

这一次，楚昭王主动提出让他回家探亲，石奢自然十分感激和兴奋。离开都城巡视后，石奢严格按照楚昭王的旨意，履行职责。任务完毕后，石奢让下属们先回都城，自己则踏上了回乡的小路。

眼看就要到自己日思夜想、魂牵梦绕的家乡了，行进中，石奢忽然听到路边树林里传来吵架和呼救的声音。于是他急忙下马奔了过去，等他赶到时，正看到一个人举着刀向另外一个人砍去。

石奢眼疾手快，一个箭步冲上前去，紧紧地抓住了行凶之人。正当他准备制服行凶之人时，却一下子惊呆了，手拿凶器杀人的不是别人，正是自己的父亲。

石奢牢牢地抓住父亲的衣领，非常气愤地说："父亲，您怎么能随便杀人呢？这可是犯死罪的啊。"

石奢的父亲一看是自己在朝中为官的儿子回来了，顿时松了口气，接着说道："吾儿莫要呼喊，此事只有天知地知，你知我知。只要你不对外人说，就不会有人知道。如果你还是我的儿子，那你就放我走。"

面对这种情况，石奢陷入了两难的境地，他内心矛盾、痛苦极了。如果按照法律，他应该将自己的父亲绳之以法，但这样做会被认为是不孝；如果他放走父亲，那么就会违背法律的原则，被认为是不忠。不知不觉中，他的手作出了选择，慢慢松开。于是，他的父亲就趁机逃走了。

他选择放走了父亲，内心却难以平静。对于家乡石奢再也没有刚才那种浓烈的思乡之情了，他掉转马头，日夜兼程地返回了都城。归来后他把自己囚禁起来，并派人向楚昭王报告了整个事件的过程，并表示自己应该为此承担死罪。

他对楚昭王说："杀人的凶犯是我的父亲，如果我把他抓住，他一定被判死刑，这是违背孝道的，我不忍心也不能这么做；但是放走了他，我就是纵容、包庇杀人犯，这是有罪的。作为国家重臣，知法犯法，应该判处死刑。请求大王将我处死吧。"

楚昭王是个十分爱惜人才的君主，了解情况后，他觉得石奢年轻有为，廉洁公正，办事得力，实在是国家的栋梁，如今出了这样一件事，如果按照法律把石奢处死了，真是可惜啊！

但考虑到石奢放走父亲是出于孝道，也显示了其对亲情的珍视，便命人为他松绑，让他继续治理国事。

他对石奢说："在这件事情上，你并没有责任，因为并不是你故意放走杀人犯的，而是你父亲自己趁机逃走的。我看这件事情就不要再追究了,你就安心地料理政事吧。"

然而,石奢拒绝了楚昭王的赦免。石奢回复楚昭王说:"大王,对于您的恩典我非常感激,也无以为报。对我来说,不偏袒自己的父亲,就不是孝子;不按国家的法律办事,就不是忠臣。我选择做了孝子,却违背了国法。因此,即使大王赦免了我,我当臣子的也有责任维护国家法律的尊严。"

说完,石奢就向楚昭王拜谢离开王宫。刚走出宫门,他立刻拔出宝剑,自刎而死。楚昭王和大臣们知道后,都惊叹不已,都为楚国失去这样一个奉公守法的好官而感到可惜。

古人认为,信是统治者、执政者有效治理国家、维护统治的根本保证。厉行法治,坚持有法必依,执法必严,违法必究,是最高的诚信。

鉴历史 得智慧

石奢发现自己的父亲行凶杀人,并使得父亲得以逃脱,这件事虽然只有天知地知,但是他却如实向国君作了报告,说明他是诚信之人,而他婉拒赦免选择自刎,说明他又是守信之人。

石奢以死谢罪,以告天下,展现出了他坚定的法家精神和对法律的至高无上的尊重。他选择以死来捍卫法律的尊严,维护了国家法律的尊严,维护了人们对法律的信任,同时也表达了他对父亲的孝道和对国家的忠诚,这种忠孝两全的精神令人肃然起敬。

伯夷和叔齐"愚蠢"吗?

《史记·伯夷列传》中记载了两位王子,他们不当国君,不参与武王伐纣,不吃周朝粮食,最后饿死在首阳山上。

据记载,伯夷和叔齐是商末孤竹君的两位王子,他们都很注重节操,淡泊名利。孤竹君生前有意立叔齐为嗣子,继承他的事业。

于是孤竹君临终前对长子伯夷说:"我已年老,恐不久于世。我死后,让叔齐继承君位。你们要全力辅佐他,以使江山永固,国泰民安。"

伯夷答道:"父王请放心,儿子一定遵照您的嘱托,辅佐弟弟继承君位,管理国家。"

后来,孤竹君死了,叔齐跟长兄伯夷商量继承君位的事情。按照当时的常礼,长子应该即位,但清廉自守的伯夷却认为应该尊重父亲生前的遗愿,坚持让位给叔齐。

然而叔齐也不愿违背立长子为王的规矩,于是将王位再次让给伯夷。

最后,为了避免矛盾,二人都逃离了孤竹国。逃出孤竹国的伯夷和叔齐途中相遇,他们听说西伯昌(即周文王)有德,赡养老人,于是决定一起投奔周国。

两人到了周地,西伯侯刚刚死去,周武王正准备讨伐商纣。看到周武王在战车上扶着木刻的西伯侯,准备向东进军,两人立刻跪在武王马前叩头劝阻:"不安葬好父亲就去出征,这不是不孝顺的举动吗?而且,您以臣子身份去征伐国君,这难道不是不仁德吗?"

大军征伐在即，听闻伯夷叔齐的言语，周武王觉得这是动摇军心，很生气，说："纣王无道，百姓受难，讨伐纣王，不正是救黎民百姓于水火之中吗？这不正是大孝大仁的壮举吗？你俩难道不懂什么叫真正的孝？什么叫真正的仁德？竟敢阻挡大军车驾，真是不要命了！"

武王话音一落，卫士们就把伯夷和叔齐扯开，抽刀就要杀。

目睹伯夷叔齐的劝阻，军师姜子牙说："且慢！放开手，让他俩去吧！虽然他们不懂我们伐纣的意义和缘由，也还是仁义的。"于是卫兵放手，姜子牙扶起他们兄弟，让他俩离开了。

后来，武王杀了纣王，推翻了商王朝的统治，建立了西周王朝，天下人都尊崇周朝。

可是伯夷、叔齐感到做周朝的臣民是一件不光彩的事情，坚决不吃周朝饭食，也不在周地居住了。

离开周室，他俩径直上了首阳山，隐居在山上。饿了，他们就上山采薇充饥；渴了，就采摘野果解渴。

严寒的冬天到了，野菜、野果都没有了，伯夷和叔齐没有什么东西可以充饥，就饿死在首阳山上。

鉴历史 得智慧

武王灭商后，伯夷和叔齐认为周朝是他们的仇敌，因此拒绝吃周朝的粮食，而是采薇而食。最终，他们饿死于首阳山，伯夷和叔齐的行为固然愚蠢可笑，但是他们高风亮节的情操却受到后人的赞扬，成为历代中华仁人志士、诚信礼让、忠于祖国、抱节守志、清正廉明的典范。

当一个人物质上的欲望越少，精神上拥有的自由越多。如果我们把物欲和名利看得开，看得淡，使自己安于恬淡，安于简单，心自然就静了，而那些被欲望牵引出的痛苦也自然就减少了。

介子推错了吗?

中国有一个传统节日叫寒食节,在这一天,人们不生火做饭,只吃冷食,据说是晋文公重耳为纪念介子推而设立的。

介子推,是春秋时期晋国的大臣。

当时晋献公的宠妾骊姬,为了让自己的儿子奚齐继承王位,暗中害死了太子申生,之后又要加害其他几位公子。晋文公重耳就是她要加害的公子之一。当时,公子重耳还没有继承王位,得知骊姬要加害自己的消息,被迫带着一批谋臣武将逃亡国外,介子推也在其中。

公子重耳一行人的流亡生活非常艰苦,时常风餐露宿,断炊绝粮,还饱受冷遇和屈辱。最艰难的时候不得不靠乞讨度日。

看到公子重耳饿得连路都走不动,介子推感到非常沉痛,他不忍心看着自己的主人大仇未报,功业未建,就此饿死在逃亡的路途中,所以就悄悄割下自己腿上的肉,把肉烧给主人吃。这就是历史上著名的"割股侍君"的感人故事。

十九年后,重耳一行人历尽千辛万苦,在秦国的帮助下终于回国了。就在即将登船横渡黄河,踏上晋国故土的时候,一个叫狐偃的谋士,将祭祀用的璧玉还给重耳说道:"我跟随你周游列国,犯过许多错误,现在你就要做国君了,已经不需要我了,请让我从此走开吧。"

重耳一听,马上明白了狐偃的心思,他这是担心回国后不被重用,所以才这样做。于是,重耳就对黄河发誓说:"如果我重耳回国即位,却不与你同享荣华富贵,那就让我渡不过黄河去,让河神来惩罚我好了。"说完,就把璧玉抛入河中。

站在船上的介子推恰好将这一切尽收眼底,对狐偃的矫情行为很是反感,暗笑道:"狐偃啊,你自认为对君王有功,就用此等做作姿态,邀功求赏,实在可耻!若不是为了公子,我真不愿意与这种人共事!"

介子推鄙夷这种贪图富贵的人,决定急流勇退,渡河后不辞而别。从此之后,介子推消失在晋文公的功臣队伍中。他已经隐居起来,既没向重耳要求封官晋爵,更不与人谈论功名利禄。

重耳重返晋国后,做了国君,就是历史上有名的晋文公。继位后,重耳对追随他的人论功封赏。与他一起流亡的功臣,功劳大的获封县邑,功劳小的也被赐给尊爵。文武百官皆大欢喜。

但是,在重耳所仰仗的五位贤士当中,只剩下介子推尚没有封赏。晋文公一直派人寻找他,一直无果。

介子推听说晋文公在论功行赏,就对母亲说:"晋献公一生一共有八个儿子,现在却只有重耳一人在世,说明上天不绝晋祀啊!可是狐偃等人,觉得是他们使重耳做了国君,这简直就是胡说八道。

"窃人之财,尚称之为盗,更何况贪天之功为己力呢?下面的人冒功邀赏,上面的人对欺世盗名者还加以赏赐,上下互相欺蒙,我介子推实在难和他们相处。"

介子推的母亲想考验他是不是真的看淡荣华富贵,就故意问道:"你奔波效劳了19年,何不去求赏,你现在这样什么也得不到,又怨又酸有什么用呢?"

介子推说:"母亲,您该知道,明知错误而去效法,那错误不就更大了吗?我既然不屑和他们共处,就更不能向国君讨要俸禄了。"

介子推的母亲又说:"那也应该让文公知道你的想法啊。"

介子推说:"母亲,实不相瞒,我打算隐居起来,既做此打算,哪里还用得着向文公表明心意啊?如果我去表白,那不就是追求显露,和渡黄河时狐偃的做法又有何不同呢?"他的母亲见儿子不求高官厚禄,志节高洁,非常高兴,就说:"你真能做清廉之士,我就和你一起隐居吧。"于是,他们母子二人就上了绵山。

介子推不求利禄,归隐而去的做法曾经被人赞美,时人评价他,说他就像是辅助龙主升天的祥龙。当龙主得以纵横万里的时候,其他的四条龙,也都随之飞黄腾达了,介子推坚持自己与人无争的志节,"不如归去"隐居不见。

为感念介子推的恩德,晋文公想尽办法要召请他入朝。最后文公终于打听到,介子推隐居在绵山之中。

于是,晋文公决定放火烧山,只留下一条通路,希望介子推背着他的母亲,从这条路上逃下来。

然而,晋文公失算了,大火烧了三天三夜,却始终没有见到他们母子二人的身影。等到火光绝灭,派人上山寻找,发现介子推和他的母亲,已经被烧死在一棵柳树之下。

晋文公缓步走上被烧毁的绵山,想起那些患难与共的日子,内心无限感慨。"就把这座山封为介山,记下我的罪过,以表忠孝清烈的善人吧。"晋文公把介子推和他的母亲安葬在柳树之下,随后为介子推建立了祠堂。介子推生前未享有富贵,死后被赠哀荣。

第二年,春日阳光和煦而明媚,就在那棵烧焦的柳树上,发出了一条条嫩绿的枝芽,迎着春风飘展。晋文公折下一束枝条,戴在了自己的头冠上。

后来,他又晓谕全国,把放火烧山的日子定为寒食节,每年的这一天,朝堂与民间禁绝烟火,人们不生火做饭,只吃冷食,以表达对有功不居、不图富贵的介子推的怀念。

后来的寒食节，人们又用面粉和枣泥制成"子推饼"，并捏成燕子的形状，称之为"子推燕"。百姓们用柳条把燕子串起来，插在门上，召唤着他的回来。

人们还把柳条编成圈戴在头上，把柳枝插在房前屋后，以示追念。介子推以他的忠义与清烈，长久地活在了人们的心间。

鉴历史 得智慧

古往今来，衡量人生成功的标准是什么？是财富，是权力吗？在很多社会中，财富和物质成就被视为成功的象征。这包括拥有高收入、豪宅、名车等。人们普遍认为，通过工作、投资或创业获得经济独立和财务自由是成功的表现；在职场上取得成功和晋升被视为人生成功的标准之一。这包括获得高薪职位、成为行业领袖或专业人士，以及取得与职业相关的成就和荣誉。

人生难道就只有这种成功标准吗？难道不愿背井离乡，不向往洋楼，仅满足安贫乐道的淡泊人生就是失败者？

为何中国人总爱以财富、洋楼、学位等物质的东西来论英雄？为何平凡地享受一份粗茶淡饭的宁静的日子，就被认为是可怜的？这样的人生观又是否太过功利主义呢？

汉武帝赐死钩弋夫人

汉武帝是西汉一位雄才大略的皇帝，西汉在他的治理下达到了空前的盛世。但是即使是英雄也有迟暮的时候，汉武帝也不例外。

在汉武帝年老时，不禁思考将来由谁代替自己治理国家。经过仔细的考虑，他决定立儿子弗陵为太子。

当时弗陵年幼，汉武帝决定给他找个老师。群臣当中，汉武帝也自己考量了一番，最终他认为只有霍光忠厚老实可以担当大任。

怎么托孤于霍光，汉武帝又想了一个办法。他选择在一个早晨送了一幅画给霍光。这幅画画的是一老者怀中抱了一个小孩坐在皇位上，皇位的下面是一群人跪在那里高呼"万岁"，画的标题是：周公助成王见诸侯。

见到此画，霍光心中就明白了汉武帝的意思，这是要他效仿周公辅佐成王的例子。于是霍光决定：立志效仿周公，忠心耿耿地辅佐太子弗陵，成为大汉天朝未来天子弗陵的"周公"。

得到霍光的忠心，汉武帝心里的石头算是落地了，但是光有大臣辅助还不行，弗陵身边还有一位年轻的母亲钩弋夫人，母强子幼，将来自己驾崩，朝政必然陷入外戚专权的局面，这又该怎么办呢？汉武帝犹豫了，很久之后，他终于下定决心。

由于年龄太小，弗陵一向和母亲钩弋夫人生活在一起，由钩弋夫人照顾饮食起居。一天，钩弋夫人在喂弗陵喝汤时，不小心把汤洒了弗陵一身，这件小事恰巧又被汉武帝知道了，变故就在这一件小事之间。

汉武帝因此大发雷霆，把钩弋夫人送入监狱，没过多久，钩弋夫人被处死。

对汉武帝因一件小事就处死钩弋夫人的做法，大臣们很是不理解，却又都不敢多言。汉武帝知道大臣们都非常疑惑，就问众臣子对这件事有什么看法。

有臣子说："既然立她的儿子为太子，为什么又要杀掉她呢，且她罪不至死啊？"

汉武帝说："过去很多朝代发生动乱，都是由主少母壮引起的，君主的母亲年轻寡居，就会变得傲慢、淫乱自恣，别人又都管不了，这样是不利于朝纲稳定、君主亲政的，前朝不说，单是我朝高祖的原配吕后，在高祖驾崩之后，诛杀有功之臣和皇子如意及其母亲，大肆封赏吕氏族人，祸乱朝政，不就是一个活生生的例子吗？所以，我不得不先把钩弋夫人除掉啊。"

玉不琢不成器，人不育难成才，即使有一定才华的人也需要培养、教育。汉武帝决定立弗陵为太子，就刻意培养他，使他具备太子的素质，进而为以后担当大任奠定基础。于是他先找霍光为辅助大臣，又去其母，体现了汉武帝养苗去秽的良苦用心。

鉴历史 得智慧

《诸葛亮集·治人第六》有曰："故治人犹如养苗，先去其秽。"立苗先去其秽，汉武帝可谓是善于用人育人，这也是他在几十年朝堂的腥风血雨中得到的经验，是他对人性的深刻洞察。

立苗而使秽草相伴，便会招致苗秽俱毁。所以，历来帝王对所钟爱的王子和大臣，都注意选择贤德之人做其师傅或辅助他，若发现其周围有奸佞小人，必千方百计除去。